Stéphanie Ngo Mbem-Koneba

DROIT D'AUTEUR ET DROITS VOISINS AU CAMEROUN

L'Harmattan

Du même auteur :

L'intérêt général et les brevets pharmaceutiques en Afrique dans un contexte de crise sanitaire, 2024.

5-7, rue de l'École-Polytechnique, 75005 Paris

http://www.editions-harmattan.fr

ISBN : 978-2-336-48778-6
EAN : 9782336487786

DROIT D'AUTEUR ET DROITS VOISINS AU CAMEROUN

Collection « Études africaines »

dirigée par Denis Pryen et son équipe

Forte de plus de mille titres publiés à ce jour, la collection « Études africaines » fait peau neuve. Elle présentera toujours les essais généraux qui ont fait son succès, mais se déclinera désormais également par séries thématiques : droit, économie, politique, sociologie, etc.

Dernières parutions

Stéphanie NGO MBEM-KONEBA, *L'intérêt général et les brevets pharmaceutiques en Afrique dans un contexte de crise sanitaire*, 2024.
Gabriel FOUMENA BELINGA, *Équilibre régional et nation multiculturelle au Cameroun. Contribution à la régulation équitable des différences,* 2024.
Lionel Pierre GUESSELE ISSEME (dir.), *Covid 19 et droit public en Afrique. L'influence du virus sur l'application des normes*, 2024.
Sylvain SHOMBA KINYAMBA, *La tropicalisation de la ville et de l'université de Kinshasa. Le décryptage des réponses populaires*, 2024.
Benoît TINE, *Les drogues au Sénégal. Fléau social et défis contemporains*, 2024.
Stéven Modeste YOMBI (dir.), *Nouveaux horizons du constitutionnalisme en Afrique noire francophone*, 2024.
Auguste ILOKI, Valencia ENGAMBA ILOKI, Raïssa Kartelle ILOKI, *La justice au Congo : bilan statutaire soixantenaire. L'autorité judiciaire. Le service public de la justice. Le pouvoir judiciaire,* 2024.
Charles ZAGOH, *Le franc CFA : une monnaie en débat,* 2024.
Balla CISSÉ, *Le mirage de la IVe République du Mali. 22 juillet 2023-6 juillet 2024*, 2024.
Ernest-Marie MBONDA, *Pouvoir, droits et justice en Afrique, Essais de philosophie politique appliquée*, 2024.

INTRODUCTION

S'il est un objet de propriété intellectuelle pour lequel le Cameroun et l'Afrique en général pourraient bien s'identifier, c'est bien celui du droit d'auteur et des droits voisins du droit d'auteur. En effet, on observe à un rythme effréné dans notre environnement social et sociétal, une pléthore d'œuvres artistiques (musique, œuvre audiovisuelle, peinture, sculpture, artisanat, comédie...) et littéraires (romans, livre scolaire, publications scientifiques...), impliquant, en plus des auteurs, plusieurs autres intervenants (exécutants, acteurs, producteurs culturels, éditeurs...), pour leur communication au public consommateur. L'un des indices de ce dynamisme de l'activité artistique et littéraire est la multiplication et la démocratisation des activités d'édition, elles-mêmes facilitées par l'avancée prodigieuse du numérique et l'accessibilité financière des équipements de création, de reproduction et de diffusion de ces œuvres.

À côté de la propriété industrielle, le droit d'auteur et les droits voisins du droit d'auteur sont les deux pendants de la subdivision de la propriété littéraire et artistique, dans le grand ensemble d'appropriation des œuvres de l'esprit qu'est la propriété intellectuelle[1]. Alors que le droit d'auteur s'applique aux créateurs d'œuvres, les droits voisins du droit d'auteur concernent tous ceux qui participent à leur exécution (artistes-interprètes) et à leur communication indirecte au public sur un support matériel ou immatériel[2] (producteurs culturels). Comme tout droit de propriété intellectuelle, le droit d'auteur et les droits voisins visent à attribuer des droits exclusifs aux auteurs d'œuvres littéraires ou artistiques (droit d'auteur), ainsi qu'à ceux qui contribuent à leur diffusion au public (droits voisins du droit d'auteur). Ces monopoles leur

---

[1]N. Binctin, *Droit de la propriété intellectuelle*, Paris, LGDJ — Lextenso éditions, 2010, pp.15-39.

[2]Notamment numérique, pour tenir compte de l'évolution technologique.

permettent d'empêcher à des tiers de les exploiter sans leur consentement.

Le droit d'auteur et les droits voisins du droit d'auteur sont une composante essentielle pour le développement au Cameroun d'une industrie culturelle[3]. Ils ont vocation, dans un cadre de gestion bien organisé et contrôlé des droits exclusifs qui en découlent, à permettre aux auteurs et exploitants d'œuvres d'en tirer des revenus, en créant des emplois et autres activités économiques induites, au grand bénéfice du développement national.

On relève dans l'histoire africaine de nombreuses créations susceptibles de protection par le droit d'auteur. C'est le cas notamment des peintures rupestres dont on trouve les vestiges dans plusieurs pays du monde ou encore des pyramides en Egypte. Mais ces œuvres ne recèlent généralement pas d'éléments susceptibles de déterminer leurs auteurs ; et quand bien même ceux-ci peuvent être identifiés[4], il n'existait pas à l'époque de leur réalisation, comme c'est actuellement le cas, des mécanismes juridiques de réservation leur permettant d'y exercer des droits exclusifs, et de tirer des revenus de leur exploitation. Les éléments d'histoire du droit d'auteur, et de la propriété littéraire et artistique en général, se retrouvent notamment dans les pays de tradition millénaire écrite, l'Afrique ne présentant pas des données historiques certaines à ce sujet, compte tenu de sa tradition historique orale. S'agissant de la France, de qui la partie orientale du Cameroun sous colonisation a appliqué et hérité le système juridique, ce n'est qu'à partir du 15e siècle avec l'invention de l'imprimerie, entraînant une prolifération de la diffusion et du

---

[3]F. G. Ateba Ossendé, J. Y. Yarabatioula (Dir.), *Les enjeux des industries culturelles et créatives pour le développement de l'Afrique*, Paris, L'Harmattan, 2024, pp.13-15 — C.O. Sissoko, « La contribution des industries culturelles au développement des pays du sud », *Africultures*, 2006/4, n° 69, pp. 38 à 41.
[4]Y. L. Ngombe, *Droit(s) africain (s) de la propriété littéraire et artistique*, Aix-en-Provence éd. PUAM, 2022, pp. 16-17.

commerce de livres et des librairies, qu'on voit apparaître des privilèges royaux accordés pour la publication d'ouvrages[5]. Toutefois, ces privilèges, qui constituent des monopoles d'exploitation, sont principalement accordés aux libraires, aux académies de musique et des Beaux-Arts, les créateurs n'en bénéficiant que de manière exceptionnelle au bon vouloir des monarques[6].

Mais c'est surtout au cours du siècle des Lumières au 18e siècle, qui est également l'époque de la révolution industrielle, que se mettent en place des règles plus élaborées. En 1710, est adoptée en Angleterre la loi sur le droit d'auteur, le *« Queen Anne's Act »*. Aux Etats-Unis d'Amérique en 1787, la Constitution garantit aux auteurs et inventeurs un droit exclusif temporaire sur leurs livres et inventions. En France, est votée les 13 et 19 janvier 1791 une loi sur le droit d'auteur des dramaturges qui sera étendue aux écrivains, peintres et compositeurs par les lois des 19 et 24 juillet 1793[7]. Au 20e siècle, ces dernières lois ont été réformées et remplacées, près de deux siècles plus tard, par la loi du 11 mars 1957. La loi de 1957, il convient de le relever, ne portait que sur le droit d'auteur, les droits voisins n'ayant été réglementés pour la première fois que par la loi n° 85-660 du 3 juillet 1985.

Cette dernière loi française sur le droit d'auteur était celle appliquée au Cameroun oriental [8] jusqu'à l'adoption de l'Accord de Bangui du 2 mars 1977 portant création de l'Organisation africaine de la propriété intellectuelle (OAPI), à laquelle appartient le Cameroun. Cet accord régional avait lui-même été pris en remplacement de l'Accord de Libreville

---

[5] J.-L. Piotraut, *La propriété intellectuelle en droit international et comparé (France, Allemagne, Royaume-Uni, États-Unis)*, Paris éd. Technique et Doc, 2007, p. 15.
[6] Ibid., p.15.
[7] Ibid., p. 15.
[8] Au Cameroun occidental, c'était le Copyright Act de 1911 qui s'appliquait jusqu'à l'adoption de l'Accord de Bangui en 1977.

du 12 septembre 1962 portant création d'un Office africain et malgache de la propriété industrielle (OAMPI), qui n'organisait pas la protection de la propriété littéraire et artistique. Le cadre législatif et institutionnel de l'OAPI de 1977 a permis d'intégrer de nouveaux domaines de propriété intellectuelle et notamment la propriété littéraire et artistique. L'accord de Bangui de 1977 a fait l'objet de deux révisions, le 24 février 1999 et récemment le 14 décembre 2015. C'est l'acte de révision de cet accord de 2015, entrée en vigueur le 14 novembre 2020, pour ce qui est de l'Annexe VII sur la propriété littéraire et artistique, qui s'applique dans le système de l'OAPI. Néanmoins, il y a lieu de relever que contrairement aux régimes de propriété industrielle qui sont d'application directe, l'Annexe VII sur la propriété littéraire et artistique est, dans la pratique, indirectement implémentée dans les États membres à travers des lois nationales sur le droit d'auteur et les droits voisins du droit d'auteur[9]. Du fait de cette réglementation autonome, la loi française dans ce domaine du 11 mars 1957 continuait de régir la protection des œuvres littéraires et artistiques au Cameroun francophone jusqu'à l'adoption de la première loi nationale le 26 novembre 1982. Celle-ci a été successivement remplacée par la loi n° 90/010 du 10 août 1990[10] et celle n 2000/011 du 19 décembre 2000 actuellement en vigueur.

La nature juridique du droit d'auteur et des droits voisins

Eu égard à leur caractère immatériel, le droit d'auteur et les droits voisins, comme tous les autres droits de propriété intellectuelle, posent le double problème de leur classification dans les grandes catégories de droits reconnus par le Code

---

[9] L'Accord de Bangui les y autorise implicitement en prévoyant que l'Annexe VII sur la propriété littéraire et artistique « est un cadre normatif minimal » (Art. 5 al. 2 *in fine*).

[10] C'est cette loi qui intègre pour la première fois en droit positif camerounais les droits voisins du droit d'auteur, certainement à la suite de sa première réglementation en France par loi du 3 juillet 1985.

civil et de leur intégration ou non parmi les droits de propriété. Il s'agit de savoir d'une part s'ils doivent être rangés dans la catégorie traditionnelle des droits réels ou droits personnels, et d'autre part s'ils doivent être considérés comme une propriété ordinaire, de droit commun.

François Terré et Philippe Simler[11], sur la première question, estiment que les droits de propriété intellectuelle, relevant de la catégorie des droits intellectuels, parce que reliés principalement à des activités de l'esprit, se situent mal dans la qualification traditionnelle « droits réels/droits personnels », mais présentent plutôt des analogies avec les droits extrapatrimoniaux et sont beaucoup imprégnés d'*intuitu personae*.

Paul Roubier, quant à lui, donne une nature juridique autonome aux droits de propriété intellectuelle[12], et les considèrent plutôt comme étant des droits de clientèle compte tenu de ce qu'ils permettent d'occuper ou de réserver une clientèle dans un marché déterminé.

Cependant, une doctrine de plus en plus majoritaire tend, avec raison, à pleinement intégrer les droits de propriété intellectuelle dans la catégorie des droits réels en faisant notamment valoir que la nature d'un droit doit se déterminer non pas en raison de sa fonction, comme l'a fait Roubier pour aboutir à la qualification de droit de clientèle, mais plutôt à raison de son contenu. Ils affirment à juste titre l'appartenance des droits de propriété intellectuelle à la catégorie de droits réels puisque portant sur des choses mobilières incorporelles

---

[11] F.Terré, P. Simler, *Droit civil, Les biens*, éd. Dalloz, 7éd., p. 72. — Mikhaïl Xifaras, *La propriété, Etude de philosophie du droit*, PUF, 2004, p. 404.
[12] P. Roubier, *Le droit de la propriété industrielle*, Paris, Recueil Sirey T. 1, 1952, p. 15.

conférant à celui qui en est titulaire des prérogatives opposables à tous[13].

Cette difficulté à qualifier de droits réels les droits de propriété intellectuelle en général, se répercute presque automatiquement sur le second point de savoir si ceux-ci peuvent être considérés comme des droits de propriété au sens du droit commun. Considérant que le droit de propriété a été surtout conçu et réglementé pour protéger les choses corporelles ou matérielles, une certaine doctrine a tendance à dénier la nature de droit de propriété aux droits de propriété intellectuelle[14]. Pourtant, comme le souligne opportunément Jérôme Passa, on observe que, comme la propriété du Code civil, la propriété intellectuelle *« est assortie du même caractère exclusif et ses attributs permettent au titulaire de jouir de la chose objet de son droit, d'en user et d'en disposer »*[15]. En effet le titulaire des droits d'auteur ou des droits voisins bénéficie de tous les attributs du droit de propriété de droit commun, à savoir l'« usus » qui lui permet d'exploiter son droit en exclusivité ou en le mettant à la disposition des tiers, le « fructus » qui lui permet de jouir des revenus tirés de l'exploitation de son droit, que ce soit par des licences ou par la commercialisation des produits ou services objet du droit, et l'« abusus » qui lui permet de transmettre son droit à des tiers à titre gratuit ou onéreux[16]. La propriété littéraire et artistique est donc intégrable en tant que droit de propriété au sens du droit commun, ou du moins c'est une propriété spéciale qui tire une bonne partie de ses traits caractéristiques des dispositions générales sur la propriété organisées dans le Code civil, quoique sur certains aspects, les droits de propriété

---

[13] J. Passa, *Traité de droit de la propriété industrielle*, Paris LGDJ-Lextenso Editions, , 2009, 2e éd., p. 12.

[14] N. Olszak, « La propriété industrielle est-elle bien une propriété ? », note sous Paris, 12 sept. 2001, D. 2002, 1894.

[15] J. Passa, préc., p. 13.

[16] J. Passa, préc., p. 13.

intellectuelle se distinguent du droit de propriété classique. Par exemple, les droits de propriété intellectuelle sont par principe des droits temporaires[17] contrairement au droit de propriété de droit commun qui est par principe perpétuel.

Les sources du droit d'auteur et des droits voisins

La propriété littéraire et artistique telle qu'organisée au Cameroun s'appuie sur le droit conventionnel, qui prévoit un minimum commun de protection nécessaire pour assurer une certaine sécurité juridique aux opérations internationales y relatives.

Ainsi au niveau international, on relève deux grandes conventions générales en la matière. D'une part la Convention de Berne du 9 septembre 1886 sur le droit d'auteur qui pose les principes généraux et de droit matériel devant régir cette matière, notamment le traitement national, le contenu du droit d'auteur et la durée du droit d'auteur. D'autre part, et plus récemment, l'Accord sur les aspects des droits de propriété intellectuelle qui touchent au commerce (Accord sur les ADPIC), adopté le 15 avril 1994 (entré en vigueur le 1er janvier 1995) dans le cadre de l'Organisation mondiale du commerce (OMC), qui traite du droit d'auteur et des droits voisins (« connexes ») dans la Section I de sa deuxième partie. Concernant les droits voisins. Le Cameroun, membre des deux premières conventions, n'a pas adhéré aux autres conventions internationales existantes relatives à la propriété littéraire et artistique, à savoir la Convention de Rome du 26 octobre 1961 pour la protection des artistes interprètes ou exécutants, des producteurs de phonogrammes et des organismes de radiodiffusion, la Convention du 29 octobre 1971 pour la protection des producteurs de phonogrammes contre la reproduction non autorisée de leurs phonogrammes

---

[17] À l'exception des droits moraux qui sont perpétuels.

et les Traités de l'OMPI sur le droit d'auteur et sur les interprétations et exécutions et les phonogrammes (1996).

Au niveau interne, c'est l'Accord de Bangui du 2 mars 1977, notamment l'Annexe VII, dans son acte révisé le 15 décembre 2015 et entré en vigueur le 14 novembre 2020 qui est le cadre normatif minimal de la propriété littéraire et artistique auquel tous ses États membres doivent se conformer pour l'élaboration des normes internes en la matière. À côté de cet arrangement intergouvernemental, s'applique au Cameroun la loi n° 2000/011 du 19 décembre 2000 relative au droit d'auteur et droits voisins, à laquelle s'ajoutent les Décrets d'application n° 2001/956/PM du 1er novembre 2001, n° 2015/3979/PM du 25 décembre 2015 et n° 2016/4281 du 21 septembre 2016.

Les institutions du droit d'auteur et des droits voisins

Les institutions en la matière sont essentiellement administratives.

Au niveau interne, on cite :

- **L'OAPI** : Cette organisation régionale qui regroupe, comme nous l'avons déjà mentionné, dix-sept (17) États membres, dont le Cameroun, a son siège à Yaoundé et pour principale mission d'administrer la propriété intellectuelle pour le compte de ses États membres. Cette institution, contrairement à la propriété industrielle, joue un rôle mineur dans le domaine de la propriété littéraire et artistique, limité à la promotion de sa protection et à l'encouragement de la création des organismes de gestion collective[18].
- **Le Ministère des arts et de la culture (MINAC)** : D'après le Décret N° 2012/381 du 14 septembre 2012 portant organisation du Ministère des arts et de la culture, ce

[18] Article 2 b, c, de l'Accord de Bangui (Acte de 2015).

département ministériel est notamment chargé du « suivi des activités des structures nationales de gestion collective du droit d'auteur et des droits voisins du droit d'auteur »[19] et est ainsi l'administration de tutelle des organismes de gestion collective. Le MINAC assure par ailleurs la liaison entre le gouvernement et les organisations internationales œuvrant dans les domaines de l'art et de la culture telles que l'Organisation des Nations Unies pour l'Éducation, la Science et la Culture (UNESCO), l'OAPI et l'Organisation Mondiale de la Propriété Intellectuelle (OMPI), avec la collaboration du Ministère des relations extérieures[20].

- **Les organismes de gestion collective** : D'après l'article 77 de la loi n° 2000/011 du 19 décembre 2000, les « sociétés »[21] de gestion collective des droits d'auteur et des droits voisins ont pour mission la perception et la répartition des droits, la délivrance des autorisations d'exploitation d'œuvres, et la défense judiciaire des droits des auteurs et des bénéficiaires des droits voisins. Il existe au Cameroun quatre sociétés de gestion collective par catégorie de droit d'auteur et de droits voisins, à savoir la SOCILADRA (société civile des droits de la littérature et des arts dramatiques), la SOCIDRAP (Société civile des droits audiovisuels et photographiques), la SOCADAP (Société civile de droit d'auteur et droits voisins des arts plastiques) et la SONACAM (Société nationale camerounaise de l'art musical).

Parmi les institutions administratives du droit d'auteur et des droits voisins au niveau international, il existe :

- **L'OMPI** : créée par la Convention de Stockholm du 14 juillet 1967, elle administre, entre autres, certaines conventions relatives à la propriété littéraire et artistique,

---

[19] Art. 1er al. 2.

[20] Art. 1er al. 3.

[21] Ces organismes sont le plus souvent créés sous la forme juridique d'association.

notamment la Convention de Berne de 1886, et assure la promotion de la protection internationale de la propriété intellectuelle.

- **L'OMC** : Elle administre, assure le fonctionnement et le respect de l'Accord sur les ADPIC à travers le Conseil des ADPIC[22] et règle, via l'Organe de règlement des différends (ORD)[23], les contentieux pouvant s'élever entre ses membres à propos de l'application des dispositions de l'Accord sur les ADPIC.

Enfin, on devrait également intégrer parmi les institutions relatives au droit d'auteur et aux droits voisins, les juridictions judiciaires, qui interviennent dans l'application et l'interprétation des règles en la matière, en connaissant des litiges pouvant naître sur leur existence et leur exercice.

---

22 Art. 68, Accord sur les ADPIC.

23 OMC, « Comprendre l'OMC : Règlement des différends », disponible sur https://www.wto.org/french/thewto_f/whatis_f/tif_f/disp1_f.htm, consulté le 23 mars 2024.

PREMIÈRE PARTIE : LE DROIT D'AUTEUR

L'étude du régime juridique applicable aux créations de l'esprit de natures littéraire et artistique implique d'aborder successivement les règles relatives à son existence (Chapitre I) et à son exercice (Chapitre II).

CHAPITRE I

L'EXISTENCE DU DROIT D'AUTEUR

L'examen des règles d'existence du droit d'auteur passe par la présentation de l'objet (section I), des sujets (section II) et du contenu (Section III) de cette protection spécifique.

Section I : L'objet du droit d'auteur

L'article 3 alinéa 1er de la loi n° 2000/011 dispose : « Sont protégées par la présente loi, toutes les œuvres du domaine littéraire ou artistique ». Il convient d'identifier à titre préliminaire les œuvres protégées par le droit d'auteur (section I) avant de déterminer les conditions de leur protection (Section II).

Sous-section I : Les œuvres protégées

La protection du droit d'auteur portant sur les créations immatérielles qualifiées d'œuvres, il y a lieu de cerner préalablement la notion d'œuvre (§1) avant de présenter leur assiette (§2) et leur typologie (§3).

§1 : La notion d'œuvre

Le législateur définit à l'article 2 de la loi n° 2000/011 différentes catégories d'œuvres, mais est muet sur le contenu même de la notion d'œuvre. C'est plutôt l'Annexe VII de l'Accord de Bangui du 24 février 1999[24] qui, à l'article 1 *i*,

[24] Cette définition de l'œuvre n'est plus présente dans la nouvelle Annexe VII de l'acte de révision de 2015.

définissait l'œuvre comme étant « toute création littéraire et artistique ». Ainsi pour qu'il existe une œuvre au sens du droit d'auteur, il faut qu'il y'ait une création, une activité créatrice.

La création impliquant par ailleurs l'existence d'un créateur, l'œuvre protégée par le droit d'auteur est nécessairement issue d'une intervention humaine [25]directe ou indirecte, à l'exemple de créations assistées par ordinateur.

De plus, l'œuvre créée implique une intervention humaine consciente[26]. En effet, même si la création peut se nourrir d'une spontanéité ou d'une improvisation, le créateur au moment de la réalisation de l'œuvre doit avoir une volonté de la réaliser[27], ce qui exclut les réalisations qui résultent exclusivement du hasard[28] ou de personnes manquant de discernement[29].

Enfin, l'œuvre éligible à la protection par le droit d'auteur doit résulter d'une intervention humaine consciente qui modifie l'existant. Ainsi une création humaine consciente n'est pas nécessairement reçue par le droit d'auteur. La création n'est pas non plus la révélation des faits préexistants même si ces faits sont des œuvres ou en sont proches. Par exemple, il a été jugé que celui qui découvre une grotte historique représentant de dessins rupestres ne peut être

---

[25] C. Caron, *Droit d'auteur et droits voisins*, LexisNexis, 2013, p. 54. — F. Pollaud-Dulian, *Le droit d'auteur*, Economica, 2014, p. 124.

[26] Ibid., p. 57. — A. Lucas, H.-J.Lucas et A. Lucas-Shlotter, *Traité de propriété littéraire et artistique*, LexisNexis 2012, n° 58, p. 74 — Avis tempéré : M. Vivant, J. — M. Bruguière, *Droit d'auteur et droits voisins*, Dalloz, 2015, pp. 144 et s.

[27] F. Pollaud-Dulian, préc., pp. 124 et s. — CIV. Ire, 13 nov. 2008, *RTD com* ; 2009, p. 128, obs. F. Pollaud-Dulian ; *RIDA* 2009, n° 220, p. 261, note P. Sirinelli)

[28] A. Lucas, H.-J.Lucas et A. Lucas-Shlotter, *Traité de propriété littéraire et artistique*, préc., n° 58, p. 74. — M. Vivant, J.-M. Bruguière, préc., p. 143.

[29]A. Lucas, H.-J.Lucas et A. Lucas-Shlotter, *Traité de propriété littéraire et artistique*, préc, n° 57, p. 72. — A. Caron, *Droit d'auteur et droits voisins*, préc., p. 57.

titulaire du droit d'auteur[30] puisqu'il n'apporte au aucune modification à une réalité qui existait déjà, mais sans être connue du public. Toutefois, on devrait pouvoir admettre que la forme originale sous laquelle sont révélés des faits préexistants peut constituer une création.

§2 : L'assiette des œuvres protégées

La loi n° 2000/011 pose non seulement le principe de la protection des œuvres littéraires et artistiques par le droit, mais énumère explicitement le contenu de ce qui rentre dans la catégorie d'œuvres littéraires ou artistiques protégeables (A) et de ce qui en est exclu (B).

A. Les œuvres admises à la protection

Parmi les œuvres susceptibles d'être appréhendées par le droit d'auteur, l'article 3 de la loi n° 2000/001 vise :
-Les œuvres littéraires, dont les programmes d'ordinateurs ou logiciels ;
-Les compositions musicales avec ou sans paroles ;
-Les œuvres dramatiques, dramatico-musicales, chorégraphiques et pantomimiques créées pour la scène ;
-Les œuvres audiovisuelles ;
-Les œuvres de dessin, de peinture, de lithographie, de gravure ;
-Les sculptures, bas-reliefs et mosaïques de toutes sortes ;
-Les œuvres d'architecture, aussi bien les dessins et maquettes que la construction elle-même ;
-Les tapisseries et les objets créés par les métiers artistiques et les arts appliqués, aussi bien le croquis ou le modèle que l'œuvre elle-même ;
-Les cartes ainsi que les dessins et reproductions graphiques et plastiques de nature scientifique ou technique ;

[30] Nîmes, 1er ch., 30 oct. 2001, *CCE*, 2002, comm. n° 112, obs. Ch. Caron

-Les œuvres photographiques ou assimilées comme telles du fait qu'elles sont exprimées par un procédé analogue à la photographie.

L'énumération légale des œuvres ci-dessus étant précédée de l'adverbe « notamment », elle n'est qu'indicative et non pas exhaustive. Il s'ensuit que d'autres œuvres de nature littéraire ou artistique remplissant les conditions de protection prévue devraient pouvoir bénéficier de la protection par le droit d'auteur. C'est par exemple le cas des discours, des interviews, des articles de presse, des revues scientifiques ou des slogans publicitaires, sous réserve des exclusions légales.

B. Les exclusions de protection

Du fait de leur nature ou pour des raisons d'intérêt général ou d'ordre public, le législateur a exclu certains objets de la protection par le droit d'auteur, quand bien même, objectivement, ils seraient susceptibles d'y être éligibles.

Ne peuvent ainsi être protégées au titre du droit d'auteur d'après l'article 3, alinéa 4 de la loi n° 2000/011 :
- Les lois, les décisions de justice et autres textes officiels, ainsi que leurs traductions officielles ;
- Les armoiries, les décorations, les signes monétaires et autres signes officiels ;
- Les idées en elles-mêmes.

Sur l'exclusion des idées — Il est généralement admis en droit de la propriété intellectuelle que les idées sont de libre parcours pour reprendre l'expression de Renouard[31] et ne peuvent par conséquent être protégées[32]. C'est ce qui explique leur exclusion par principe de la protection par le droit de la propriété littéraire et artistique. Toutefois, d'après le législateur, seules « les idées en elles-mêmes » ne peuvent être protégées, c'est-à-dire non exprimées sous une forme identifiable. Ainsi l'idée d'écrire un roman sur la vie d'un peintre de renommée n'est pas en soi protégeable par le droit d'auteur tandis que le roman écrit est protégeable puisqu'il constitue la forme sous laquelle s'exprime cette idée. Cependant si les idées en tant que telles ou en elles-mêmes ne peuvent être protégées par le droit d'auteur, il est en revanche constamment admis par la jurisprudence qu'elles peuvent l'être par le biais de l'action en concurrence déloyale ou en parasitisme[33].

§3 : La typologie des œuvres protégées

En dehors du cas traditionnel d'œuvre individuelle créée isolément par un auteur, les œuvres protégeables peuvent être le fait d'une pluralité d'auteurs. Pour ce deuxième cas, le législateur a prévu trois grandes catégories d'œuvres aux effets juridiques distincts. Il s'agit de l'œuvre de collaboration (A), de l'œuvre collective (B) et de l'œuvre composite (C). Les

---

[31] A. C. Renouard, *Traité des droits des auteurs dans la littérature, les sciences et les beaux-arts*, 1838, t. 1, p. 460.

[32] M. Buydens, « La protection des idées originales : Droit d'auteur », *RDInt.*, 1993, pp. 61-75, N. Binctin, *Droit de la propriété intellectuelle*, préc., pp. 49 et s., A. Lucas, H.-J. Lucas et A. Lucas-Schloetter, préc., n° 30, p. 38, P. — Y. Gauthier, *Propriété littéraire et artistique*, PUF, 2012, pp. 49 et s., T. CIv Seine, 19 déc. 1928, Ann. prop. ind. 1929, p. 181.

[33] CIV Iere, 5 oct. 1994, *RIDA*, janv. 1995, p. 205 — CIV. Iere, 2 déc. 1997, Dalloz 1998, p. 507, note Edelman - CIV Iere, 28 oct. 2003, *JCP*, 2004, II, p. 10053 – J. Fournier, « La collaboration littéraire et artistique », Thèse, Grenoble, 1947, p. 157.

œuvres soumises au droit d'auteur se présenteront généralement sous l'une de ces quatre formes.

A. L'œuvre de collaboration

L'œuvre de collaboration est définie à l'article 2, alinéa 2 de la Loi n° 2000/011 comme étant « celle dont la création est issue de deux ou de plusieurs auteurs, que ce concours puisse être individualisé ou non ». Cette définition assez lapidaire ne permet pas de cerner toutes les caractéristiques de l'œuvre de collaboration.

On précisera qu'outre le caractère plural de l'œuvre relevé par le législateur, la caractérisation de l'œuvre de collaboration implique que les co-auteurs, dans sa réalisation, soient animés par une inspiration commune et concertée durant le processus de création[34].

En plus, il est important dans l'œuvre de collaboration que chaque co-auteur ait une certaine liberté créatrice[35] et égalité[36] dans le processus de création, sans exclure que l'un des co-auteurs puisse avoir un contrôle sur les autres auteurs impliqués dans la réalisation de l'œuvre[37].

Par ailleurs, il est précisé à l'article 2 alinéa 2 que la contribution des co-auteurs à l'œuvre de collaboration peut être individualisée ou non. En d'autres termes, la qualification d'œuvre de collaboration n'implique pas nécessairement que la contribution de chaque co-auteur forme un tout indivisible ne permettant pas d'identifier la participation de chacun.

---

[34] Civ Iere, 18 octobre 1994, *PIBD*, n° 116, III, p. 168 — CA Lyon, 20 mars 2003, D. 2003, p. 3037, note Edelman

[35] X. Linant de Bellefonds, *Droit d'auteur et droits voisins*, Dalloz, 2004, n° 339, p. 128 — F. Pollaud-Dulian, préc., p. 431.

[36] P. — Y. Gautier, préc., p. 712.

[37] Dans ce sens, C. Caron, préc., p. 196.

Dès lors que les co-auteurs sont mués par une inspiration commune et concertée, l'œuvre réalisée dans de telles conditions peut être qualifiée d'œuvre de collaboration. Ainsi, pourra être qualifiée comme telle, non seulement une chanson réalisée par des auteurs ayant participé ensemble et de manière concertée à la création des paroles et à la composition musicale, mais aussi une bande dessinée dans laquelle le scénariste et le dessinateur apportent chacun une contribution individualisée, mais fondée sur une inspiration commune et concertée.

B. L'œuvre collective

Aux termes de l'article 2 alinéa 14 de la loi n° 2000/011, l'œuvre collective est « celle créée par plusieurs auteurs à l'initiative et sous la responsabilité d'une personne physique ou morale qui la publie sous son nom et dans laquelle la contribution des auteurs qui ont participé à la création de l'œuvre se fond dans l'ensemble de l'œuvre, sans qu'il soit possible d'identifier isolément la contribution de chacun des auteurs dans cet ensemble ».

Ainsi, contrairement à l'œuvre de collaboration qui résulte d'une inspiration commune et concertée, l'œuvre collective est réalisée à l'initiative d'une personne, physique ou morale, qui en assure la publication sous son seul nom et sans la concertation des auteurs de l'œuvre.

Par ailleurs, la qualification d'œuvre collective implique, d'après l'article 2 alinéa 14 susvisé, que la participation des auteurs fusionne dans l'ensemble de l'œuvre de manière à former un tout indivisible ne rendant pas possible l'identification de leur contribution respective dans ce tout. Le législateur camerounais adopte ainsi une définition très restrictive de l'œuvre collective en excluant de cette qualification certaines œuvres, tels les encyclopédies et les journaux papier, lesquels sont réalisés sous l'initiative d'une personne en assurant la publication, mais dont les contributions des participants à l'œuvre peuvent être individualisées ou identifiées.

Cette définition de l'œuvre collective est cependant en contradiction avec les dispositions de l'article 11 alinéa 2 de la loi n° 2000/011 sur le régime de l'œuvre collective qui, comme nous le verrons, prévoient des règles d'exploitation des contributions indépendantes ou individualisables de l'œuvre collective. Ainsi, ce qui est exclu à l'article 2 alinéa 14 se trouve être admis à l'article 11 alinéa 2. Une mise en cohérence de ces deux dispositions contradictoires est prévue dans l'avant-projet en vue d'une nouvelle loi sur le droit d'auteur et les droits voisins, qui revoit la définition de l'œuvre collective.

Celle-ci, en cas d'adoption et d'entrée en vigueur, pourra désormais être entendue comme étant « une œuvre littéraire ou artistique créée par plusieurs auteurs à l'initiative et sous la responsabilité d'une personne physique ou morale qui la publie sous son nom, et dans laquelle les contributions des auteurs qui ont participé à la création de l'œuvre se fondent dans l'ensemble en vue duquel elles sont conçues, **qu'il soit possible ou non d'identifier isolément la contribution de chacun des auteurs dans cet ensemble** »[38]. L'effectivité de la révision de cette définition de l'œuvre collective ne peut qu'être encouragée.

C. L'œuvre composite ou dérivée

Selon l'article 2 alinéa 2 de la loi n° 2000/011, une œuvre composite est « celle à laquelle est incorporée une œuvre préexistante sans la collaboration de l'auteur de cette dernière ». Ainsi dans l'œuvre composite est incorporée une œuvre ancienne dans une œuvre nouvelle. Le cas plus ou moins récent d'œuvre composite, et plus proche de nous, est

---

[38] Art. 2 alinéa 22 de l'avant-projet de loi sur le droit d'auteur et les droits voisins.

celui de l'œuvre musicale Waka Waka de la chanteuse internationale Shakira qui a été réalisée à partir de l'œuvre préexistante de l'ancien groupe musical « Golden Sounds » devenu « Zangalewa ».

La condition essentielle à la qualification d'œuvre composite est donc l'absence de collaboration de l'auteur ou des co-auteurs de l'œuvre ancienne à la création de l'œuvre nouvelle. Parmi les œuvres rentrant dans cette catégorie, la loi n° 2000/011 vise expressément à l'article 4 alinéa 2 (a) les traductions, adaptations, arrangements, les recueils d'œuvres, les encyclopédies, les anthologies, les compilations de données (bases de données) et les œuvres inspirées du folklore.

L'insertion des encyclopédies dans la classification des œuvres composites nous paraît en revanche inappropriée. L'encyclopédie étant un ouvrage de compilation de savoirs relevant d'un ou de plusieurs domaines, les contributions qui la constituent ne résultent pas généralement d'œuvres préexistantes, à l'instar des recueils, qui justifieraient son intégration dans la catégorie d'œuvres composites.

À côté de la qualification d'œuvre composite, le législateur fait mention de l'œuvre dérivée. En effet, l'article 4 alinéa 1er dispose que « l'œuvre s'entend aussi bien sous sa forme dérivée, ou composite ». Le lien de coordination « ou » suivi de la virgule qui relie les mots « dérivée » et « composite » est exclusif, ce qui laisse penser que ces deux mots sont pour le législateur synonymes. Une certaine doctrine tend cependant à distinguer l'œuvre dérivée de l'œuvre composite, estimant que la première est réalisée lorsque l'incorporation de l'œuvre préexistante est telle qu'il n'est plus possible de l'individualiser l'œuvre nouvelle[39] tandis que dans la seconde,

[39] M. Boutet, « Le droit d'auteur et les droits dérivés », in *Mélanges Marcel Plaisant*, Sirey, 1960, p. 219 — M. Vivant et J. — M. Bruguière, préc., n° 406, pp. 383 et s.

cette incorporation laisse possible l'individualisation[40]. Cette dissociation n'a pas de véritable d'intérêt pratique dans notre droit positif puisque les œuvres dérivées, comme il sera développé plus loin, sont soumises au régime légal des œuvres composites.

Sous-section II : Les conditions de protection

Contrairement aux droits de propriété industrielle dont l'acquisition est soumise à des exigences formelles, en plus des exigences de fond, la condition d'originalité (§ 1) est seule suffisante pour la protection d'une œuvre littéraire ou artistique par le droit d'auteur, à l'exclusion de tout formalisme (§2), et indifféremment d'éventuelles qualités susceptibles d'être associées à l'œuvre (§3).

§1 : La condition d'originalité

En plus de satisfaire au statut d'œuvre, une production littéraire ou artistique ne peut être protégée par le droit d'auteur que si elle est originale, et sous réserve de ne pas être comprise parmi les œuvres exclues de protection de l'article 3 alinéa 4 de la loi n° 2000/011.

L'exigence de l'originalité est posée à l'article 3 alinéa 3 de la loi n° 2000/011 qui dispose : « Seuls sont protégés par la présente loi les expressions ou les éléments caractéristiques originaux qui résultent d'une création ».

L'œuvre originale est définie à l'article 2 alinéa 1er comme étant « celle qui dans ses éléments caractéristiques ou son expression se distingue des œuvres antérieures ». En définissant l'œuvre originale par rapport à l'existence d'une œuvre antérieure, le législateur camerounais adopte une conception objective de l'originalité par opposition à la

[40] C. Caron, préc., p. 211.

conception traditionnelle subjective d'après laquelle l'originalité est envisagée comme étant l'expression de la personnalité de son auteur[41].

Que doit-on entendre par l'expression « se distinguer des œuvres antérieures » utilisée dans la loi ? Le législateur n'ayant apporté aucun éclairage à ce sujet, l'examen du caractère distinctif d'une œuvre est une question de fait soumise à l'appréciation souveraine des juges du fond. On pourrait tout de même dire que l'exigence du caractère distinctif par rapport aux œuvres antérieures implique que l'œuvre protégeable ait une individualité qui permette de la différencier clairement des œuvres antérieures. Ainsi l'œuvre créée qui ne se différencie des œuvres préexistantes que par des détails insignifiants ne devrait pas être considérée comme possédant l'originalité nécessaire à la protection par le droit d'auteur, en ce qu'elle manque d'un apport créatif de la part de son auteur. Au final, l'originalité sous l'angle objectif ne diffère pas véritablement de l'exigence de l'expression de la personnalité de l'auteur dans la conception subjective[42], puisque l'œuvre originale dans les deux conceptions implique un apport créatif et distinctif de l'auteur.

§2 : L'absence de formalités

Aux termes de l'article 13 alinéa 1er de loi du 19 décembre 2000, « les auteurs des œuvres de l'esprit jouissent sur celles-ci, du seul fait de leur création, d'un droit de propriété exclusif opposable à tous dit « droit d'auteur ». L'article 7 alinéa 3 abonde dans le même sens lorsqu'il dispose que : « L'œuvre est réputée créée indépendamment de toute

---

41 D. Vaver, P. Sirinelli, *Notions fondamentales du droit d'auteur*, OMPI, 2002, p. 197.

42 Sur la conception subjective de l'originalité, lire E. Pierrat, *L'auteur, ses droits et ses devoirs*, éd. Gallimard, 2020, pp. 15 et s.

divulgation, du seul fait de la réalisation personnelle (...) de la conception ».

Ces deux dispositions sont claires sur le principe qu'aucune formalité n'est requise pour obtenir la protection par le droit d'auteur, celle-ci naissant du seul fait de la création. Cette protection existe même en l'absence de divulgation de l'œuvre. Ainsi, une fois créée, une œuvre, même inédite, est protégeable au titre du droit d'auteur.

Toutefois, si l'accomplissement de formalité n'est pas une condition d'existence du droit d'auteur, elle peut être utile pour prouver la propriété sur l'œuvre. Ainsi lorsqu'un auteur soupçonne un tiers de contrefaçon, le fait, par exemple, de se prévaloir d'un dépôt de son œuvre auprès d'une société de gestion collective de droit d'auteur ou de constater sa création par un huissier de justice, lui permettra de prouver que ladite création est antérieure à l'œuvre soupçonnée de contrefaçon.

Par ailleurs, pour certaines catégories d'œuvres, certaines formalités peuvent être prescrites. C'est le cas notamment du dépôt légal auquel sont soumis les documents imprimés, graphiques, photographiques, sonores ou audiovisuels, les logiciels et les banques de données[43].

Mais cette exigence de dépôt légal n'a qu'une valeur administrative sans incidence ni influence sur le régime du droit d'auteur. Ainsi, l'auteur d'un ouvrage restera titulaire de tous ses droits d'auteur, même en l'absence d'accomplissement de la formalité du dépôt légal.

§3 : L'indifférence des qualités de l'œuvre

L'article 3 alinéa 1er de la loi n° 2000/011 énonce que sont protégées par le droit d'auteur « toutes les œuvres du domaine littéraire ou artistique, quels qu'en soit le mode, la

[43] Art. 3 al. 1er Loi n° 2000/05 du 17 avril 2000 relative au dépôt légal.

valeur, le genre ou la destination de l'expression ». Le mode, la valeur, le genre ou la destination de l'œuvre sont donc indifférents pour élire une création littéraire ou artistique à cette protection. Seule l'originalité doit être recherchée pour obtenir la protection, sans tenir compte de l'existence de ces qualités. Par cette règle le législateur cherche à éviter des discriminations à la protection des œuvres au titre du droit d'auteur[44]. Cette disposition permet également d'éviter l'arbitraire des juges dans l'appréciation des critères d'éligibilité à la protection[45].

À ces quatre qualités indifférentes, on pourrait également ajouter le caractère inachevé de l'œuvre évoqué à l'article 7 alinéa 3 *In fine* de la loi n° 2000/011.

Le mode de l'œuvre — Est en fait visée dans ce cadre, la forme d'expression de l'œuvre. Dès lors qu'une œuvre est originale, elle ne doit être refusée à la protection par le droit d'auteur en raison de la forme sous laquelle elle est exprimée. L'œuvre originale protégeable pourra donc se présenter sous forme d'écrits, de peinture, de chanson, de mime, de danse, de sculpture, de photographie, de théâtre, etc.

La valeur de l'œuvre — La protection d'une œuvre par le droit n'est pas fonction de sa valeur morale ou immorale[46], de son utilité sociale ou de son mérite artistique ou littéraire. Cette règle vise à favoriser la liberté de la création. Les appréciations pouvant être apportées sur la valeur d'une œuvre n'étant en effet que des jugements de valeur empreints de subjectivité, les restrictions à la protection par le droit d'auteur ne peuvent être faites sur cette base. Le seul critère de protection est donc l'originalité, indépendamment de sa valeur quantitative (Ex. : œuvre longue ou œuvre courte, film

---

[44] C'est ce que P. Y. Gautier appelle « la règle d'égalité », in *Propriété littéraire et artistique*, Paris, PUF, 7 éd., 2010, pp. 62 et s.

[45] *Ibid.*, p. 63.

[46] CRIM., 6 mai 1986, *RIDA*, oct. 1986, p. 149

de 30 minutes, films de 180 minutes) ou qualitative (Ex. : le talent ou absence de talent de l'auteur d'une œuvre).

Le genre de l'œuvre — En citant le genre parmi les qualités indifférentes pour la protection d'une œuvre par le droit de la propriété littéraire ou artistique, le texte vise les distinctions généralement effectuées au sein des œuvres littéraires (roman, biographie, poésie, théâtre, essai...), musicales (rock, blues, rap, makossa, bikutsi, mbolè...), artistiques (peinture, cinéma...) ou encore les distinctions effectuées au sein de chaque famille littéraire ou artistique entre différents modèles d'expression (roman policier, roman autobiographique, roman d'aventures, peinture impressionniste, surréaliste ou baroque). Ainsi quel qu'en soit son genre, l'œuvre sera protégée par le droit d'auteur dès lors qu'elle est originale.

La destination de l'œuvre — L'usage auquel l'œuvre est destinée est indifférent pour obtenir sa protection par le droit d'auteur. Seront ainsi protégées, des œuvres originales qui ont une destination utilitaire (tabouret, chaises présentant des formes originales), industrielle, artisanale, commerciale, caritative, publicitaire ou informationnelle. L'absence de prise en compte de la destination de l'œuvre créée pour l'acquisition de la protection par le droit d'auteur est une consécration de la théorie de l'unité de l'art défendue notamment par Pouillet[47]. D'après cette théorie, l'art est un et on ne saurait par conséquent distinguer selon qu'une œuvre relève de l'art pur ou selon qu'elle a une destination utilitaire ou industrielle pour l'inclure ou l'exclure de la protection par le droit d'auteur.

Le caractère inachevé de l'œuvre — Une œuvre originale même inachevée peut être protégée par le droit d'auteur. C'est du moins ce qu'il ressort *in fine* de l'article 7

---

47 E. Pouillet, *Traité théorique et pratique des dessins et modèles*, Marchal et Gode, 1911, p. 52.

alinéa 3 de la loi n° 2000/011 qui prévoit que l'œuvre est réputée créée « du seul fait de la réalisation personnelle, même inachevée, de la conception ».

Section II : Le contenu du droit d'auteur

L'auteur d'une œuvre littéraire ou artistique bénéficie de certaines prérogatives. Ainsi que le mentionne l'article 13 alinéa 1er de la loi n° 2000/011, l'auteur jouit « d'un droit de propriété exclusif et opposable à tous dit « droit d'auteur » ». L'alinéa 2 de cet article précise que « ce droit comporte des attributs d'ordre moral et patrimonial ». Deux grandes distinctions de droits composent donc le droit d'auteur. D'une part les droits moraux (sous-section I), et les droits patrimoniaux d'autre part (sous-section II).

Sous-section I : Les droits moraux

Encore appelés droits extrapatrimoniaux, les droits moraux sont liés à la personne de l'auteur et visent à défendre sa personnalité telle qu'elle s'exprime dans l'œuvre créée. Les droits moraux, que certains préfèrent nommer au singulier « droit moral » en raison, disent-ils, de leur unité[48], existent indépendamment des droits patrimoniaux et subsistent même après la cession de ces derniers, indique l'article 14 alinéa 1er de la loi n° 2000/011. Il convient de déterminer les différents droits moraux (§1), et de présenter leurs caractères (§2) qui accentuent leur différenciation d'avec les droits patrimoniaux.

---

[48] P. Masse, « Le droit moral de l'auteur », Thèse, Paris, 1906, p. 69 — E. Silz, « La notion juridique de droit moral de l'auteur », *RTDciv*, 1933, p. 335.

§1 : La détermination des droits moraux

Les éléments constituant les droits moraux sont déterminés à l'article 14 alinéa 1er de la loi n° 2000/011. Ils sont au nombre de quatre, à savoir le droit de divulgation (A), le droit à la paternité (B), le droit au respect (C) et le droit de retrait et de repentir (D). À côté de ces droits moraux traditionnels, l'Acte de 1995 de l'Accord de Bangui a institué le droit de rester dans l'anonymat ou d'utiliser un pseudonyme[49]. Ce dernier droit moral ne fera pas l'objet de développements particuliers.

A. Le droit de divulgation

D'après l'alinéa 1er (a) de l'article 14 de la loi n° 2000/011, l'auteur a le droit « de décider de la divulgation [de son œuvre][50] et de déterminer les procédés et les modalités de cette divulgation ».

Ainsi le passage de l'œuvre de la sphère intime ou privée à la sphère publique est une faculté à la discrétion totale de l'auteur. Celui-ci, d'après les termes de l'article 4 alinéa 1er (a) susvisé, est par ailleurs seul juge des conditions de sa communication à autrui. L'auteur détient ainsi l'exclusivité de décider du moment et des modalités de divulgation de son œuvre.

Ce droit de divulgation est-il absolu ? Cette question mérite notamment d'être posée s'agissant des œuvres de commande ou de salariés pour lesquelles nous verrons que la loi opère un transfert légal de la titularité des droits patrimoniaux sur l'œuvre au profit du commanditaire. S'agissant de la divulgation d'une œuvre de commande, une

---

49 Art. 7 al. 1er (ii) Ann. VII.

50 Cette mention a été oubliée par le législateur tandis qu'elle existe dans la présentation légale des autres éléments du droit moral que nous verrons *infra*.

ancienne jurisprudence française considère qu'en cas de refus de l'auteur d'une œuvre de commande de la livrer, le commanditaire ne peut ni la revendiquer, ni en exiger la remise et que l'auteur dans ce cas ne peut qu'être condamné à restituer le prix et, le cas échéant à payer des dommages-intérêts[51].

Cette solution trouve une justification légale à l'article 1142 du Code civil qui résout l'inexécution des obligations de faire ou de ne pas faire en dommages-intérêts. Mais, rappelons-le, elle s'applique en droit positif français où l'auteur reste titulaire des droits patrimoniaux même en cas d'œuvre de commande[52] ou de salarié[53].

En droit positif camerounais, où est prescrit le transfert des droits patrimoniaux de l'auteur au profit du commanditaire[54] ou du salarié[55], on devrait au moins admettre que la remise ou la mise à la disposition par l'auteur de l'œuvre commandée ou de l'œuvre salariée vaut exercice et même épuisement de son droit de divulgation.

B. Le droit à la paternité

L'article 14 alinéa 1 (b) affirme que l'auteur a « le droit de revendiquer la paternité de son œuvre en exigeant que son nom ou sa qualité soient indiqués chaque fois que l'œuvre est rendue accessible au public ».

Ainsi l'auteur peut exiger que son nom et sa qualité apparaissent sur ses œuvres ou les exemplaires qui les reproduisent.

---

[51] Cass. Civ, 20 janvier 1900, DP 1900, I, p. 497, note M. Planiol — CA Paris, 2 décembre 1897, *DP* 1898, II, p. 465, note M. Planiol.
[52] C. Caron, *Droit d'auteur et droit voisins*, préc., pp. 158 et s.
[53] *Ibid.*, pp. 171 et s.
[54] Art. 12 al. 1er Loi n° 2000/011.
[55] Par extension de l'application de l'article 35 Ann. VII de l'AB en vigueur (2015).

Toutefois si la mention du nom et de la qualité de l'auteur peut se faire aisément pour certaines œuvres, telles les œuvres littéraires ou de peinture, une telle mention n'est pas toujours aisée pour d'autres œuvres, notamment pour certaines œuvres d'art appliqué. L'Annexe VII de l'Accord de Bangui en vigueur (2015) sur la propriété littéraire et artistique a tenu compte des difficultés pratiques qui pourraient être rencontrées dans la mise en œuvre du droit à la paternité en prévoyant, à juste titre, que ce droit ne pourra être revendiqué que dans la mesure du possible (article 7 alinéa 1 (i)). Il sera donc possible de se prévaloir de cette disposition dans des situations où l'application du droit à la paternité mérite d'être atténuée[56].

C. Le droit au respect

Le droit au respect permet à l'auteur d'exiger que son œuvre soit communiquée au public sans que soit altérée sa personnalité telle qu'elle s'y exprime. L'article 14 alinéa 1 (c) de la Loi n° 2000/011 reconnaît ainsi à l'auteur le droit « de défendre l'intégrité de son œuvre en s'opposant notamment à sa déformation ou mutilation ».

L'auteur, en vertu du droit au respect, pourra ainsi même après l'acquisition de son œuvre, s'opposer à ce que son acquéreur l'altère ou la modifie.

L'ampleur de l'application du droit au respect devrait toutefois dépendre de la nature de l'œuvre en présence. On devrait l'appliquer avec rigueur pour les œuvres d'art pur, mais avec souplesse en ce qui concerne notamment les œuvres d'art appliqué pour lesquelles l'œuvre artistique à un caractère accessoire par rapport à l'objet exploité. S'agissant par exemple des œuvres architecturales, il a été jugé qu'en raison de leur caractère utilitaire, les propriétaires matériels de

---

56 Voir S. Ngo Mbem, *Les enjeux de la protection des dessins et modèles dans le développement en Afrique : le cas des pays membres de l'OAPI*, préc., pp. 155 et s.

l'œuvre sont en droit d'y apporter des modifications pour les adapter à des besoins nouveaux[57].

Cette atténuation du droit au respect de l'œuvre est prise en compte dans l'Annexe VII de l'Accord de Bangui en vigueur qui ne permet à l'auteur de revendiquer le droit au respect de son œuvre que dans le cas où les modifications ou altérations qui y sont apportées seraient préjudiciables à son honneur ou à sa réputation[58]. Cette souplesse va d'ailleurs dans le sens de l'article 6 bis alinéa 1er de la Convention de Berne qui prévoit que l'auteur a le droit de « s'opposer à toute déformation, mutilation ou autre modification de son œuvre ou de toute atteinte à la même œuvre qui seraient préjudiciables à son honneur ou à sa réputation ».

En s'appuyant sur les dispositions de l'Accord de Bangui révisé (2015) qui, dans le respect de la hiérarchie des normes juridiques, est supérieur à la loi n° 2000/011, on dira que le droit au respect de l'œuvre ne pourra être invoqué par l'auteur s'il peut être établi que les altérations, mutilations ou modifications apportées à son œuvre ne portent pas atteinte à son honneur ou sa réputation.

Cette acception souple sied particulièrement à certaines œuvres protégées par le droit d'auteur, telles les œuvres d'art appliquées dont les contraintes de production et de commercialisation imposent généralement d'y apporter certaines modifications ou adaptations[59].

---

[57] Cass. Civ. I, 7 janvier 1992, D. 1993, p. 522, note Edelman — TGI de Nanterre, 15 février 1995, *Gaz. Pal.* 4 et 5 octobre 1995, p. 28.
[58] Art. 7 alinéa 1 (iii).
[59] V. S. Ngo Mbem, *Les enjeux de la protection des dessins et modèles dans le développement en Afrique : le cas des pays membres de l'OAPI*, préc., pp. 156 et s.

D. Le droit de retrait et de repentir

La loi n° 2000/011 reconnaît à l'auteur un droit de retrait qui lui permet de mettre fin à la diffusion de son œuvre et un droit de repentir qui autorise sa modification par l'auteur. En effet d'après l'article 14 alinéa 1 (d), l'auteur a le droit « de mettre fin à la diffusion de son œuvre et d'y apporter des retouches ». Toutefois, lorsque l'auteur a autorisé à des tiers l'exploitation de son œuvre, l'exercice de son droit de retrait et de repentir, d'après l'article 14 alinéa 2, est subordonné à l'indemnisation préalable du ou des bénéficiaires de l'autorisation d'exploitation.

§2 : Caractères des droits moraux

Comme cela a été relevé, les droits moraux sont attachés à la personnalité de l'auteur. D'où les trois caractères forts qui leur sont rattachés à l'article 14 alinéa 4 de la Loi n° 2000/011, à savoir la perpétuité, l'inaliénabilité, et l'imprescriptibilité. L'énumération légale de ces caractères est non exhaustive en raison de l'inscription de l'adverbe « notamment » dans les dispositions de l'article 14 alinéa 4). Ainsi à ces caractères légaux, on devrait pouvoir en ajouter d'autres retenus par la jurisprudence ou la doctrine, à savoir le caractère d'ordre public[60] et l'insaisissabilité[61].

La perpétuité — Contrairement aux autres droits de la personnalité, les droits moraux ne s'éteignent pas avec le temps et subsistent indéfiniment après la mort de l'auteur en vertu notamment de l'article 20 alinéa 3 de la loi n° 2000/011

---

60 CIV Iere, 7 fév.1973, D. 1973, p. 363, note Edelman — CIV 1re, 6 mai 2003, *Prop. Int.* 2003, n° 8, p. 289, note Sirinelli — Paris, 20 janv. 1971, RTDcom 1971, p. 1028, obs. Dubois — Paris, 1er fév. 1989, D. 1990, Somm., 52, obs. Colombet.

61 A. Lucas, H.-J.Lucas et A. Lucas-Shlotter, *Traité de propriété littéraire et artistique*, préc., p. 441 — X. Linant de Bellefonds, *Droit d'auteur et droits voisins*, préc., p. 234.

qui pose le principe de la transmissibilité du droit d'auteur à cause mort.

Ainsi après la mort de l'auteur, ce droit pourra principalement être exercé par les descendants de ce dernier ou ses légataires[62].

Il pourra également être exercé par toute personne physique ou morale qui y a intérêt si l'on s'appuie sur l'article 61 de l'Annexe VII de l'Accord de Bangui qui prévoit une liste indicative et non exhaustive des titulaires de l'action résultant de l'atteinte au droit d'auteur.

On admet néanmoins que, quoiqu'étant perpétuel, l'auteur puisse temporairement renoncer à l'exercice de son droit moral[63].

L'inaliénabilité — Le droit moral ne peut faire l'objet d'une cession. Il s'est en revanche posé la question de savoir si l'auteur peut renoncer à se prévaloir de cet attribut des droits moraux[64]. On dira que si la cession et la renonciation sont des actes juridiques différents, il n'en demeure pas moins qu'ils produisent le même effet qui est de dépouiller l'auteur de ses droits moraux. C'est pourquoi les juges ont condamné les clauses et accords de renonciation aux droits moraux de l'auteur[65].

6262 TGI Paris, 9 mai 1995, RIDA, janv. 1996, p. 282.

63 CIV 1re , 13 nov. 1973, D. 1974, p. 533 – CIV 1re, 5 mai 1993, *LPA* 1994, n° 100, p. 10, note Caron – CIV 1re, 13 fév. 2007, *Prop. Int.* Avril 2007, p. 207, obs. Bruguière — CIV 1re, 6 fév. 2013, JCP E 2014, p. 1310.

64 X. L de Bellefonds, *Droit d'auteur et droits voisins*, préc., p. 232 — C. Caron, Droit d'auteur et droits voisins, préc., pp.206-207.

65 Paris, 14 juin 1950, D. 1951, p. 9, note H. Desbois – TGI Seine, 27 mai 1959, *RIDA* 1959, n° 24, p. 149 – CA Paris, 1er fév. 1989, *RIDA* 1989, n° 142, p. 301, note P. Sirinelli

D'autres juges, en revanche, l'admettent lorsque la renonciation est temporaire[66]. Pour notre part, la renonciation au droit moral étant un moyen détourné d'aliénation du droit moral légalement proscrite, un tel acte, même temporaire, ne devrait pas être admis[67].

L'imprescriptibilité — Le caractère imprescriptible du droit moral signifie que son exercice par l'auteur ou ses ayants droit n'est pas limité dans le temps. On se pose néanmoins la question de savoir si l'exercice de l'action fondée sur le droit moral l'est également. La Cour de cassation française l'a admis dans un arrêt du 17 janvier 1995 s'agissant du droit à la paternité[68]. Dans cette affaire, un auteur de deux documentaires en avait cédé les droits d'exploitation à une société de production, qui les avait fait diffuser sur des chaînes de télévision en omettant de mentionner le nom de l'auteur. Celui-ci ayant, entre autres, assigné la société de production pour atteinte à son droit moral s'est vu opposé par cette dernière la prescription de son action sur la base de la prescription décennale alors applicable en matière commerciale en France[69]. Mais la Cour de cassation a rejeté ce moyen au motif que l'exercice par l'auteur de son droit à la paternité et plus généralement l'exercice par l'auteur d'un droit de propriété intellectuelle lorsqu'il est attaché à la personne n'est limité par aucune prescription. Cette position de la Cour de cassation n'est pas favorablement reçue par la doctrine qui est quasi unanime à considérer que l'action visant à sanctionner l'atteinte au droit moral est soumise à la

---

66 CA Paris, 12 mars 1936, Gaz.. Pal. 1936, I, jurisp., p. 941 — Trib. Civ de Seine, 26 juillet 1933, D. 1933, II, p. 533 — CA Paris, 28 juin 2000, *CCE* 2000, p. 110, note C. Caron.

67 Dans le même sens, C. Caron, *Droit d'auteur et droits voisins*, préc., p. 206.

68 Cass. CIV Iere, 17 janvier 1995, *Bull. civ.* 1995, I, n° 39, pourvoi n° 91-21123 — Dans le même sens Cass. CIV Iere, 6 mai 1997, *RIDA* 1997, n° 174, p. 231.

69 Ce délai de prescription a été réduit à cinq (5) ans (art. L110-4 Ccom).

prescription de droit commun[70]. En droit positif camerounais, il s'agira de la prescription trentenaire de droit commun prévue en matière réelle et personnelle[71].

Sous-section II : Les droits patrimoniaux

Les droits patrimoniaux emportent pour l'auteur ou le titulaire des droits, le droit exclusif d'exploiter ou d'autoriser l'exploitation de l'œuvre sous quelque forme que ce soit et d'en tirer un profit pécuniaire (article 15 alinéa 1er Loi n° 2000/011). Les droits patrimoniaux sont exclusifs en ce que seuls l'auteur ou le titulaire des droits peuvent en principe fixer et déterminer les conditions d'exploitation de l'œuvre. Contrairement aux droits moraux, les droits patrimoniaux sont temporaires et cessibles à titre gratuit ou onéreux[72]. Ils peuvent aussi être donnés en nantissement pour garantir le paiement d'une créance[73]. Les droits patrimoniaux étant des droits de propriété incorporels, ils existent indifféremment du support matériel contenant l'œuvre, ainsi qu'il ressort de l'article 21alinéa 1er de la Loi de n° 2000/011 qui affirme : « La propriété d'une œuvre est indépendante de l'objet matériel. Sauf stipulation contraire, l'acquéreur de l'original ou d'un exemplaire d'une œuvre n'est investi, du fait de cette acquisition, d'aucun droit d'auteur prévu par la présente loi ». Il s'ensuit que celui qui achète un CD contenant une œuvre

[70] Nicolas Bictin, *Droit de la propriété intellectuelle*, préc., p. 118 — C. Caron, *Droit d'auteur et droit voisins*, préc., p. 226 — X. Linant de Bellefonds, *Droit d'auteur et droits voisins*, préc., p. 233 — A. Lucas, H.-J.Lucas et A. Lucas-Shlotter, *Traité de propriété littéraire et artistique*, préc., n° 510, p. 441.

[71] Art. 2262 Cciv.

[72] Art. 22 al. 3 loi n° 2000/011 — C. Caron, préc., pp. 343 et s.

[73] En tant que biens meubles incorporels, le nantissement des droits de propriété intellectuelle est généralement admis — Lire P. Y. Gautier, préc., pp. 700 et s. — N. J. Bakam Titgoum, « Le nantissement des marques de produits ou de services : le législateur OHADA à l'épreuve de l'immatérialité », *Les Cahiers de propriété intellectuelle*, Vol. 28, Numéro 3 (Octobre 2016), pp. P. 589-614.

musicale n'a qu'un droit de propriété sur le CD, support matériel ; ce droit sur le support matériel ne l'autorise pas à porter atteinte aux droits patrimoniaux de l'auteur. Il y a lieu d'examiner le contenu de ces droits patrimoniaux (§1), les exceptions qui peuvent y être apportées (§2), ainsi que leur durée (§3).

§1 : La détermination des droits

Cinq droits sont énumérés à l'article 15 alinéa 2 de la Loi n° 2000/011 dans la catégorie de droits patrimoniaux, à savoir le droit de reproduction (A), le droit de représentation (B), le droit de transformation (C), le droit de distribution (D) et le droit de suite (E). Ces différents droits, précise l'alinéa 3, sont soumis au régime des créances de salariés. Les auteurs pourront donc par exemple se prévaloir du super privilège des salaires de l'article 70 du Code du travail et bénéficier ainsi d'un ordre de préférence prioritaire pour le remboursement des créances résultant de l'exploitation de leurs œuvres.

A. Le droit de reproduction

L'auteur de l'œuvre ou le titulaire des droits sur l'œuvre a un droit exclusif de reproduction de l'œuvre.

L'article 17 alinéa 1er de la Loi n° 2000/011 définit la reproduction comme étant « la fixation matérielle de tout ou partie d'une œuvre littéraire ou artistique par tous les moyens qui permettent de la communiquer au public d'une manière indirecte, y compris par stockage permanent ou temporaire sous forme électronique ».

Il y a donc reproduction de l'œuvre dès lors qu'il y'a fixation matérielle de l'œuvre protégée. Cette fixation matérielle consiste en l'insertion de l'œuvre sur un support, à l'exemple de la photocopie ou l'impression d'un livre, la photographie d'une sculpture, le téléchargement sur l'internet ou le stockage d'une œuvre dans un ordinateur, la mise en ligne d'une œuvre ou la fixation d'une œuvre sur un CD.

La fixation matérielle (ou reproduction), indique l'article 17 alinéa 1er, peut se faire par tous moyens tels l'imprimerie, l'enregistrement mécanique, numérique, cinématographique ou magnétique.

La fixation matérielle au moyen de tout procédé doit, selon les termes de l'article 17 alinéa 1er, permettre sa communication indirecte au public. Il suffit donc, pour qu'il y ait reproduction que l'œuvre fixée soit susceptible d'être communiquée au public, sans qu'il soit nécessaire qu'elle ait effectivement été communiquée au public.

B. Le droit de représentation

Constitue un acte de représentation d'après l'article 16 alinéa 1er de la Loi n° 2000/11, « la communication d'une œuvre littéraire ou artistique au public ».
La communication de l'œuvre au public peut être directe (Ex. : les spectacles vivants), ou indirecte au moyen notamment d'un procédé technique à l'instar de toutes les formes de télédiffusion par la radio, la télévision, le câble ou le satellite.

Le législateur donne à l'alinéa 2 de l'article 16 de la Loi n° 2000/011 une liste indicative d'actes de représentation. Sont expressément visés :
- La citation, la représentation dramatique et l'exécution publiques de l'œuvre par tous moyens ou procédés ;
- L'exposition publique de l'original ou des exemplaires d'une œuvre d'art ;
- La télédiffusion qui consiste, d'après le texte, en la diffusion de sons, d'images, de textes, de messages, soit sans fil (par satellite), soit par fil (par câble) ou par tout autre dispositif technique analogue.

Est également assimilé à la représentation selon l'article 16 alinéa 2 de la Loi n° 2000/011, l'émission d'une œuvre vers un satellite. Cette émission vers un satellite est caractérisée même lorsqu'elle est effectuée en dehors du territoire national, mais sur demande[74], pour le compte ou sous le contrôle d'une entreprise de communication ayant son principal établissement sur le territoire national.

L'article 16 alinéa 1er de la même loi précise en outre qu'il y a représentation même lorsque la mise à la disposition du public de l'œuvre se fait de telle sorte que « chacun puisse avoir accès à l'endroit ou au moment qu'il choisit individuellement ». Cette disposition vise notamment à inclure, parmi les actes de représentation, la diffusion d'œuvres de manière à permettre que chaque utilisateur décide du lieu et du moment de sa communication publique. Il y aura ainsi représentation d'un film loué sur support DVD dès lors que son utilisateur décide de le visionner au moment qu'il aura librement choisi.

C. Le droit de transformation

Le droit de transformation est un corollaire du droit de reproduction. Il permet à l'auteur de contrôler en quelque sorte les modifications ou transformations qui pourraient être apportées à son œuvre. L'article 18 de la Loi n° 2000/011 définit la transformation comme étant « l'adaptation, la traduction, l'arrangement ou toute autre modification d'une œuvre littéraire ou artistique ».

L'auteur ou le titulaire des droits pourra ainsi se prévaloir de son droit de transformation dans le cadre de la réalisation d'une œuvre composite dont on a vu qu'elle s'appuie sur une œuvre préexistante. En vertu de son droit de

---

[74] Certainement sur demande de l'auteur auprès d'une autorité administrative.

transformation, l'autorisation de l'auteur ou de ses ayants droit sera donc requise toutes les fois que de telles modifications seront apportées à son œuvre. Ce sera par exemple ainsi en cas d'adaptation d'une œuvre littéraire au cinéma ou de traduction d'une œuvre théâtrale du français vers une autre langue.

D. Le droit de distribution

D'après l'article 19 de la loi n° 2000/011, il faut entendre par « distribution » tout acte de mise en circulation à titre onéreux d'une œuvre littéraire ou artistique. Sont expressément visées comme actes de distribution l'offre à la vente, l'offre de location, la vente ou la location.

L'auteur aura ainsi sur l'œuvre protégée, le droit exclusif de l'offrir à la vente ou à la location, de le vendre ou de le louer, contre versement d'une rémunération.

Ainsi, l'offre à la vente ou à la location, la vente ou la location d'une œuvre protégée effectués par un tiers, sans le consentement de l'auteur ou du titulaire des droits, sont des actes contrefaçon légalement réprimés.

E. Le droit de suite

D'origine française, le droit de suite a été institué pour permettre à l'auteur qui a vendu une œuvre à vil prix, de bénéficier d'un intéressement en cas de revente de son œuvre à prix fort[75]. L'idée qui sous-tend l'institution du droit de suite est de faire participer, ne serait-ce que symboliquement, l'auteur ou ses ayants cause aux bénéfices importants que pourrait générer la revente de son œuvre.

D'après l'article 20 alinéa 1er de la Loi n° 2000/011, l'auteur dispose par le droit suite d'un droit inaliénable de

---

[75] Pour aller plus loin, J. - L. Duchemin, *Le droit de suite des artistes*, éd. Sirey, 1948 — E. Ulmer, « Le droit de suite et sa réglementation dans la Convention de Berne », in *Mélanges H. Desbois*, Dalloz, 1974, p. 89 et s.

participation au produit de la vente aux enchères publiques de son œuvre ou par l'intermédiaire d'un commerçant. L'article 3 du décret d'application de la Loi n° 2000/011 précise que cette participation s'élève à 5 % du prix de revente l'œuvre, sans aucune déduction à la base[76].

Le droit de suite, qui est inaliénable (art. 20 alinéa 1er Loi n° 2000/011) et transmissible à cause de mort (Article 20 alinéa 3 Loi n° 2000/011), ne s'applique qu'aux œuvres graphiques ou plastiques (dessins, peintures, photographies, gravures, peintures, sculptures, tapisseries…) et aux manuscrits (article 20 alinéa 1er de la Loi n° 2000/011). L'article 9 de l'Annexe VII de l'Accord de Bangui en vigueur (2015) exclut expressément les œuvres d'art appliqué et les œuvres d'architecture du bénéfice du droit de suite.

Modalités de perception — Les modalités de perception de la participation de 5 % prévue ci-dessus sont fixées aux articles 4 à 7 du décret d'application de la loi n° 2000/011[77]. Cette participation est versée à l'auteur, ou à ses ayants droit ou ayants cause, par le commerçant ou l'officier ministériel ayant procédé à la vente l'œuvre, à condition pour ces bénéficiaires d'en réclamer le paiement dans un délai de 30 jours suivant la vente. En l'absence de réclamation dans les délais, le commerçant ou l'officier ministériel ayant procédé à la vente de l'œuvre est déchargé de toute responsabilité et doit remettre au vendeur de l'œuvre la somme équivalant à la participation de 5 % prélevée. Passé le délai de 30 jours susvisé, le bénéficiaire du droit de suite peut exiger au commerçant ou à l'officier ministériel la communication du nom et de l'adresse du vendeur, ainsi que du montant du prix de vente de l'œuvre. Le défaut de communication de ces informations est sanctionné par le

---

76 Décret n° 2001/956/PM du 1er novembre 2001.

77 *Ibid.*

versement au bénéficiaire par le vendeur ou l'officier ministériel de la somme qui lui est due.

§2 : Les exceptions aux droits

Les droits patrimoniaux exclusifs reconnus à l'auteur ou au titulaire des droits ne sont pas absolus. Le législateur y a apporté de nombreuses limitations généralement justifiées par la nécessité de concilier les intérêts de l'auteur avec l'intérêt public ou certains droits et libertés fondamentaux tels que la liberté d'expression, la liberté de presse ou la protection de la vie privée.

D'après l'article 29 alinéa 1er de la Loi n° 2000/011, l'auteur ne peut interdire l'exercice de ces limitations dès lors que l'œuvre a été publiée avec son autorisation et qu'il a accepté sa divulgation. Ainsi, la divulgation autorisée est une condition préalable pour l'application des exceptions aux droits reconnus à l'auteur d'une artistique ou littéraire.

Par ailleurs, les exceptions étant d'interprétation stricte[78], elles doivent être interprétées dans la limite des domaines et des conditions de mise en œuvre prévus par la loi. En outre, depuis l'Acte de révision de 2015 de l'Accord de Bangui, entré en vigueur en novembre 2020, toutes les exceptions aux droits patrimoniaux ne s'appliquent désormais que si elles ne portent pas atteinte à l'exploitation normale de l'œuvre et ne causent un préjudice injustifié aux intérêts légitimes de l'auteur. Ce qui a pour effet de renforcer les droits patrimoniaux de l'auteur qui pourra s'opposer au bénéfice par les tiers de ces exceptions, s'il parvient à établir que leur exercice, dans les conditions précédemment décrites, menace l'exploitation de son œuvre et ses intérêts légitimes à en jouir des fruits.

---

[78] A. Maffre-Baugé, « Libres propos autour de l'interprétation des contrats d'auteur », in *Penser le droit de la pensée*, Mélanges en l'honneur de Michel Vivant, LexisNexis, Dalloz, 2020. pp. 261 et s.

Les limitations apportées visent essentiellement le droit de reproduction, de transformation et de représentation. Elles seront examinées selon qu'elles tendent à préserver les intérêts privés (1), l'intérêt général (2) ou des valeurs telles que la liberté d'expression et le droit à l'information (3).

L'innovation de l'épuisement du droit de distribution — Avant d'aborder ces exceptions, il y a lieu de relever l'innovation de l'épuisement régional du droit de distribution, intégré dans le droit positif de la propriété littéraire et artistique des États membres de l'OAPI à travers l'article 24 de l'Annexe VII de l'Acte de 1995 de l'Accord de Bangui. Il prévoit que : « Dès lors que la première vente d'un ou des exemplaires matériels d'une œuvre a été autorisée par l'auteur ou ses ayants droit sur le territoire d'un État membre de l'Organisation ou d'un autre État tiers, la vente de ces exemplaires de cette œuvre ne peut plus être interdite. ».

A. Les exceptions en faveur des intérêts privés

Sont ici concernés, les représentations dans un cercle de famille (1), les copies ou transformations privées (2), les reproductions et les transformations de logiciels et bases de données (3), les reproductions d'œuvres placées dans le domaine public (4) et les reproductions temporaires (5).

1) Les représentations dans un cercle de famille

D'après l'article 29 alinéa 1 (a) de la Loi n° 2000/011, l'auteur ne peut interdire les représentations privées effectuées exclusivement dans un cercle de famille.

Cette exception permet de diffuser librement l'œuvre protégée dans un cadre familial ou intime sans requérir préalablement l'autorisation de l'auteur ou du titulaire des droits. Le cercle de famille visé par le législateur, d'après une certaine jurisprudence[79], concerne des parents ou personnes très proches de l'utilisateur de l'œuvre. Cette définition jurisprudentielle va dans le sens de celle précisée dans l'avant-projet de loi sur le droit d'auteur et les droits voisins aux termes duquel le cercle de famille est « un public de personnes unies par des liens de famille ou d'amitié ».

Par ailleurs, selon l'article 29 alinéa 1 (a), la représentation privée dans un cercle de famille doit être gratuite. Ainsi toute représentation privée payante dans un cercle de famille devra préalablement être autorisée par l'auteur et pourra donner lieu au paiement de redevances.

2) La copie et les transformations privées

L'article 29 alinéa 1 (c) de la Loi n° 2000/011 dispose que l'auteur ne peut interdire « les reproductions et transformations effectuées en un seul exemplaire, destinées à un usage strictement personnel et privé de celui qui l'accomplit, excluant toute utilisation collective ou toute exploitation à des fins lucratives ».

Les reproductions et transformations d'une œuvre protégée ne sont donc autorisées que si elles sont faites en un exemplaire, dans un but non lucratif, pour l'usage personnel et privé du copiste ou de celui qui effectue la transformation.

S'agissant particulièrement de la copie ou reproduction privée, des exclusions d'application et des limitations d'exercice y sont apportées à l'alinéa 3 de l'article 29. D'après cette disposition, l'exception de copie privée ne s'applique pas à :
- La reproduction d'une œuvre d'architecture sous forme de bâtiments ou de constructions similaires ;

---

[79] CA Grenoble, 28 fév. 1968, n° 57, *RIDA* 1968, n° 57, p. 166, note H. Desbois — T. Corr. Paris, 24 janvier 1984, *Gaz. Pal.* 1984, I, p. 240, note J.-P. Marchi.

- La reproduction reprographique, c'est-à-dire par photocopie, d'un livre entier ou d'une œuvre musicale sous forme graphique[80] ;
- La reproduction des logiciels ou des bases de données, sous réserve de l'exception relative aux logiciels et aux bases de données de l'article 36 alinéa 1er examinée *infra*[81] ;
- Toute reproduction qui porterait atteinte à l'exploitation normale de l'œuvre ou qui causerait un préjudice injustifié aux intérêts légitimes de l'auteur.

Cette dernière exclusion de l'application de l'exception de copie privée, appelée généralement « test de trois étapes », découle de l'article 9.2 de la Convention de Berne et de l'article 13 de l'accord sur les ADPIC. Elle vise, à empêcher que la reproduction privée d'une œuvre protégée, même à des fins non lucratives, soit un frein ou un obstacle à la jouissance légitime par l'auteur des bénéfices, notamment pécuniaires, découlant de son exploitation ou utilisation par des tiers.

Le cas spécifique de la copie des œuvres imprimées ou fixées dans des phonogrammes et vidéogrammes — S'agissant des copies privées des œuvres fixées dans des phonogrammes et vidéogrammes et des œuvres imprimées, elles sont d'office soumises à la rémunération pour copie privée prévue aux articles 69 à 74 de la loi n° 2000/011.

Ainsi, les copies effectuées dans ces cas sont légalement présumées porter atteinte à l'exploitation normale de l'œuvre ou porter un préjudice injustifié aux intérêts légitimes de l'auteur. Cette rémunération pour copie privée est généralement prélevée de manière indolore sous forme de taxe incluse au prix d'achat de supports permettant la

80 À l'exemple des notes musicales.
81 Voir p. 51.

reproduction d'œuvres fixées dans des phonogrammes ou vidéogrammes.

S'agissant d'œuvres imprimées, des institutions spécialisées sont instituées dans certains pays[82] pour assurer sa perception, notamment auprès d'entités offrant des services de reprographie. Au Cameroun, la décision n° 004/033 du 4 juillet 2004 du ministre des arts et de la culture prévoit une redevance de 5 % au titre de la copie des œuvres imprimées, à prélever sur le prix de vente d'appareils de reproduction[83] et versée par le fabricant ou l'importateur les mettant en circulation au Cameroun.

Avec l'essor actuel des technologies de l'information et de la communication, on devrait pouvoir étendre la perception de la rémunération pour copie privée aux œuvres numériques.

3) *La reproduction et la transformation des logiciels et bases de données*

Rentrant dans la catégorie d'œuvres littéraires[84], le logiciel ou programme est défini par la Loi n° 2000/011 comme étant un « ensemble d'instructions qui commandent à l'ordinateur l'exécution de certaines tâches » (article 2, alinéa 11) tandis que la base de données ou banque de données est un « recueil d'œuvres, de données ou d'autres éléments systématisés de manière à pouvoir être recherchés et traités à l'aide d'un ordinateur[85] » (article 2, alinéa 12).

[82] C'est le cas notamment en France du Centre français de l'exploitation du droit de copie.
[83] Art. 2.
[84] Cf art. 3 al. 1 (a), loi n° 2000/011.
[85] Ex. : les moteurs de recherche tels que Google ou Firefox.

L'article 36 permet au détenteur légitime[86] d'un logiciel ou d'une base ou banque de données d'effectuer des :
- Reproductions mineures de la base ou banque de données, que ces reproductions soient conformes ou non à sa destination ;
- Reproductions des logiciels, bases ou banques de données conformément à leur destination, et d'en corriger les erreurs ;
- Des copies de sauvegarde (reproductions) en vue de les remplacer au cas où ils seraient perdus, détruits ou rendus inutilisables ;
- Des décompilations du logiciel, c'est-à-dire d'en reproduire et traduire le code source[87] lorsqu'une telle reproduction ou traduction permet d'obtenir les informations nécessaires pour réaliser un logiciel compatible avec le logiciel décompilé ou d'autres logiciels : cette exception est appelée « exception d'interopérabilité »[88].

Il y a lieu de préciser que l'existence d'exceptions spécifiques pour les logiciels et bases de données n'empêche pas de se prévaloir des autres exceptions au droit d'auteur légalement prévues. En tant qu'œuvres protégeables par le droit d'auteur, toutes les autres exceptions pourront également être invoquées dans la mesure de leur applicabilité. Les représentations publiques d'un logiciel dans un cercle de famille seront ainsi admises au même titre que les représentations publiques d'un vidéogramme dans un cercle de famille.

---

[86] Le détenteur légitime est celui qui a acquis légalement une œuvre protégée par le droit d'auteur. L'acquéreur d'une œuvre contrefaite ne peut être considéré comme étant un détenteur légitime.

[87] En informatique, le code source est un ensemble d'instructions écrites dans un langage de programmation informatique de haut niveau, compréhensible par une personne entraînée, et permettant d'obtenir un programme d'ordinateur.

[88] J. — M. Bruguière, « Le droit à l'interopérabilité », *CCE*, 2007, étude n° 3.

En revanche, seules les exceptions spécifiques au droit de reproduction et de transformation prévues pour les logiciels et bases de données, en plus de l'exception de reproduction temporaire de l'article 29 alinéa 2, examinée ci-dessous, seront appliquées aux logiciels, à l'exclusion des autres exceptions au droit de reproduction et de transformation prévues par la loi n° 2000/011. C'est en effet ce qu'il ressort de l'article 36 alinéa 1er qui dispose que : « Pour le droit de reproduction ou de transformation de logiciels et bases ou banques de données, outre les dérogations prévues à l'article 29.2, seules sont admises les exceptions prévues au présent article [36] ».

Dans l'Acte de 2015 de l'Accord de Bangui récemment entré en vigueur, à côté de l'exception aux droits relatifs aux logiciels et les bases de données, est intégrée la limitation générale de « libre reproduction provisoire » qui permet « sans l'autorisation de l'auteur et sans paiement d'une rémunération, de faire la reproduction provisoire présentant un caractère transitoire ou accessoire, lorsqu'elle est une partie intégrante et essentielle d'un procédé technique et qu'elle a pour unique objet de permettre l'utilisation licite de l'œuvre ou sa transmission entre tiers par la voie d'un réseau faisant appel à un intermédiaire », à condition néanmoins que cette reproduction provisoire n'ait pas de valeur économique[89].

4) Les reproductions temporaires

D'après l'article 29, alinéa 2 de la loi n° 2000/011, la reproduction temporaire d'une œuvre protégée est autorisée si une telle reproduction :
- A lieu au cours d'une transmission numérique de l'œuvre ou d'un acte visant à rendre perceptible une œuvre stockée sous forme numérique ;
- Est effectuée par une personne physique ou morale autorisée par l'auteur à réaliser ladite transmission ou l'acte visant à

[89] Art. 24, Ann. VII.

rendre l'œuvre publique, c'est-à-dire que la reproduction temporaire doit préalablement avoir fait l'objet de la part de l'auteur, ou de la loi, d'une autorisation de représentation publique de l'œuvre ;
- A un caractère accessoire par rapport à la transmission, a lieu dans le cadre de l'utilisation normale du matériel de transmission et est automatiquement effacée de manière à ne pas permettre la récupération de l'œuvre à des fins autres que la transmission autorisée.

Les conditions ci-dessus étant cumulatives, elles doivent toutes être remplies pour pouvoir obtenir le bénéfice de cette exception de reproduction temporaire.

5) La reproduction, la communication ou la radiodiffusion d'œuvres placées dans un lieu public

Sont autorisées à l'article 32 alinéa 1er de la Loi n° 2000/011, les photographies ou enregistrements audiovisuels d'œuvres protégées placées dans un lieu public, à condition que de telles reproductions soient effectuées dans un but non lucratif.

Toute reproduction effectuée par les moyens susmentionnés dans un but lucratif est subordonnée à l'obtention préalable de l'autorisation de leurs auteurs, sous peine d'illicéité (de contrefaçon) (article 32, alinéa 2 de la Loi n° 2000/011).

Cas des reproductions à des fins lucratives présentant un caractère accessoire — Alors que la loi n° 2000/011 exclut strictement du bénéfice des exceptions toute reproduction à des fins lucratives d'une œuvre protégée placée dans un lieu public, l'Annexe VII de l'Accord de Bangui y apporte une atténuation en n'appliquant cette exclusion que lorsque l'image de l'œuvre reproduite à des fins lucratives ou commerciales est le sujet principal d'une telle reproduction[90].

Il s'ensuit que les reproductions d'œuvres à des fins lucratives seront permises sans l'autorisation de l'auteur lorsqu'elles présentent un caractère accessoire. Il se pose toutefois la question de savoir quand l'image d'une œuvre reproduite doit être considérée comme le sujet principal de sa reproduction.

Il s'agit là d'une question de fait qui devrait être soumise à l'appréciation des juges du fond. Néanmoins, pour Desbois[91] un monument reproduit n'est pas le sujet principal de la reproduction lorsque « le monument investi des droits d'auteur figurait sur le cliché sous un aspect tel que les traits caractéristiques échapperaient à l'attention en raison des effets de perspective et que personne n'aurait l'idée d'acquérir la reproduction pour en conserver l'image ». Ainsi lorsque les traits caractéristiques de l'image d'une œuvre reproduite apparaissent clairement ou distinctement dans l'utilisation qui en est faite à des fins lucratives, on devrait pouvoir admettre que l'utilisation de l'image reproduite d'une œuvre protégée est le sujet principal de la reproduction et exclure dans ces conditions le bénéfice de l'exception de l'article 32 alinéa 1er de la loi n° 2000/011 ou de l'article 16 de l'Annexe VII de l'Accord de Bangui (2015). Par ailleurs, cette exception ne s'applique qu'aux œuvres placées en permanence dans un lieu public, à l'exclusion des œuvres placées temporairement dans un lieu public (cf. article 16, Annexe VII AB).

Il est enfin à relever que l'exception d'utilisation d'une œuvre reproduite dans les conditions précisées ci-dessus s'applique également en cas de radiodiffusion ou de

---

90 C'est ce qui découle de l'interprétation de l'article 16 *in fine* de l'Annexe VII.

91 H. Desbois, *Le droit d'auteur*, Dalloz, 1950, n° 255.

communication par câble de l'image d'une œuvre placée en permanence dans un lieu public (article 16 Annexe VII AB).

B. Les exceptions en faveur des intérêts publics

Rentrent dans ce cadre :

- Les reproductions d'œuvres en braille destinées aux aveugles (article 29 al. 1 (g)) ;
- Les reproductions ou transformations d'œuvres aux fins de preuves dans les procédures administratives ou judiciaires (article 29 al. 1 (h)).
- Les représentations à des fins éducatives, scolaires ou au cours de services religieux dans les espaces prévus à cet effet (article 29, alinéa 1 (b) ;
- L'utilisation des œuvres littéraires ou artistiques à titre d'illustration de l'enseignement au moyen de publications, d'émissions de télédiffusion ou d'enregistrement sonores ou visuels, à condition qu'une telle utilisation ne soit pas abusive et soit faite à des fins non lucratives (art. 29, alinéa 1 (e)).

C. Les exceptions en faveur de la liberté d'expression et du droit à l'information

1) Les exceptions de parodie, de pastiche et de caricature

Ces exceptions sont prévues à l'alinéa 1 (f) de l'article 29 de Loi n° 2000/011. Les termes parodie, pastiche et caricature sont quasiment synonymes. Ils renvoient à l'utilisation à des fins humoristiques, de dérision ou ironique d'une œuvre protégée.

Toutefois, la parodie, le pastiche ou la caricature d'une œuvre doit se faire « compte tenu des lois du genre » (art. 29, alinéa 1 (f)). En d'autres termes, ces déformations autorisées de l'œuvre protégée ne doivent se faire de manière à créer une confusion sur la propriété de l'œuvre[92], ni constituer un moyen parasitaire d'exploiter sans bourse déliée une œuvre protégée[93]. Leur exercice ne doit pas non plus porter atteinte au droit moral[94], ni constituer une injure ou une diffamation à l'égard de l'auteur de l'œuvre parodiée[95].

2) Les analyses, revues de presse et courtes citations

Sont autorisées, les analyses, revues de presse, les courtes citations justifiées par le caractère critique, pédagogique, scientifique ou d'information de l'œuvre, à condition qu'elles soient accompagnées de la mention de la source et du nom de l'auteur si ce nom figure dans la source (article 30).

3) Les reproductions et représentations des médias

Elles concernent les exceptions à des fins d'information. Les libertés de reproductions à des fins d'information sont prévues à l'alinéa 1 (d), (e) et (f) de l'article 29, ainsi qu'aux articles 30 et 31 de la loi n° 2000/011.

Rentrent dans ce cadre :
- La reproduction et la communication au public, par courts extraits, à des fins d'information d'œuvres littéraires ou artistiques vues, entendues ou enregistrées au cours d'un évènement d'actualité lorsqu'une telle reproduction et

---

[92] F. Pollaud-Dulian, *Le droit d'auteur*, préc., p. 865 – TGI Paris, 9 janv. 1970, *JCP G.* 1971, II, p. 16 645, note A. Françon – Cass. Ass. Plén., 12 juil. 2000, *JCP G.* 2000, II, p. 10 439, note A. Lepage.

[93] TGI Paris, 5 mars 2008, « Fort Boyard », RIDA juil. 2008, p. 338 et 223, chron. Sirinelli

[94] Cette limitation sera difficile à prouver s'agissant du droit au respect de l'intégrité, la caricature, le pastiche et la parodie portant dans leur essence-même atteinte à l'intégrité des œuvres concernées.

[95] CIV. 1 re, 12 janv. 1988, n° 85-18.787, *Bull. civ.* I, n° 5 — CA Paris, 22 nov. 1984, D. 1985, Somm. 165 — CA Versailles, 17 mars 1994, *RIDA*, avril 1995, p. 350

communication au public est effectuée à l'occasion d'un compte rendu de cet évènement au moyen de la photographie, par voie de télédiffusion ou tout autre moyen de communication au public (article 30) ;

- La reproduction par la presse ou la télédiffusion, en version originale ou en traduction, d'articles d'actualité politique, sociale, économique ou religieuse, de discours politiques, de discours prononcés dans les débats judiciaires ou dans les sermons, de conférences, d'allocutions et autres œuvres de même nature, à condition d'indiquer clairement la source et le nom de l'auteur et sous réserve que leur reproduction ou télédiffusion n'ait pas été expressément réservée (article 31) ;

- Les enregistrements éphémères en un ou plusieurs exemplaires par des entreprises de communication audiovisuelle d'œuvres protégées lorsque l'auteur en a préalablement autorisé la diffusion (article 35 alinéa 1er) à condition que de tels enregistrements ne soient ni vendus, ni loués, ni prêtés (article 35 alinéa 2) et qu'ils soient détruits dans un délai de trois (3) mois, sauf autorisation expresse du titulaire du droit pour une conservation plus longue (article 35 alinéa 2) ; ces reproductions pourront par ailleurs être conservées dans les archives officielles de l'entreprise de communication audiovisuelle moyennant le versement d'une rémunération équitable à l'auteur (article 35 alinéa 3).

§ 3 : La durée des droits

En principe, d'après la loi n° 2000/011, les droits patrimoniaux de l'auteur durent toute sa vie et cinquante ans après sa mort ; ce délai de cinquante ans court à compter de la fin de l'année civile de la mort de l'auteur (article 37 alinéa 1er), c'est-à-dire à partir du 31 décembre de l'année de son décès.

À côté de cette durée de principe, la loi n° 2000/011 réglemente la durée des droits patrimoniaux en fonction de la nature ou de la typologie de certaines œuvres. Ainsi :

- Les œuvres audiovisuelles, les œuvres d'art appliqué et les œuvres collectives durent 50 années à compter de la fin de l'année civile de leur divulgation avec le consentement de l'auteur ou, à défaut de divulgation, dans les 50 années à compter de la fin de l'année civile de leur création (article 37 alinéa 2) ;

- Les œuvres pseudonymes et anonymes durent 50 années à compter de la fin de l'année civile de leur divulgation autorisée (faite avec le consentement de l'auteur) ou, à défaut de divulgation, dans les 50 années à compter de la fin de l'année civile de leur création ; toutefois, la durée de principe des droits patrimoniaux sera appliquée à l'œuvre pseudonyme si le pseudonyme ne laisse aucun doute sur l'identité civile de l'auteur ou si celui-ci révèle son identité civile avant l'expiration des 50 années suivant la divulgation autorisée de l'œuvre (article 37 alinéa 3) ;

- Les œuvres posthumes durent cinquante années à compter de la fin de l'année civile de publication autorisée de l'œuvre ; ces droits patrimoniaux reviennent aux ayants droit et ayants cause de l'auteur à compter de la fin de l'année civile de la mort de l'auteur ; lorsque la publication a lieu après la fin de l'année civile de la mort de l'auteur, les droits patrimoniaux appartiennent à l'ayant droit ou à l'ayant cause qui a procédé ou fait procéder à cette publication (article 37 alinéa 4).

À l'expiration de ces durées de protection, les droits patrimoniaux tombent dans le domaine public (article 38 al. 1er) et leur exploitation est subordonnée, d'une part au respect des droits moraux et d'autre part à une déclaration préalable auprès du ministre en charge de la culture et au paiement d'une redevance (art. 38 al. 2) dont le taux est de 50 % de la redevance qui était habituellement appliquée lorsque l'œuvre était encore protégée (art. 8 Décret du 1er novembre 2001). Les œuvres tombées dans le domaine public ayant vocation à être librement et gratuitement utilisées, il est curieux que le législateur camerounais ait opté de subordonner leur exploitation au paiement d'une rémunération[96].

L'Accord de Bangui en vigueur (2015) prévoit des durées des droits patrimoniaux quasi identiques. Le droit d'auteur d'après ce texte régional dure toute la vie de l'auteur et 50 ans après sa mort (art. 26 Ann. VII ABR). La durée de 50 ans court à compter de la fin de l'année civile de la mort de l'auteur.

Pour les œuvres de collaboration, les œuvres collectives, les œuvres audiovisuelles, les œuvres pseudonymes et les œuvres anonymes, la durée des droits patrimoniaux est étendue à 50 ans selon les mêmes modalités que celles prévues à l'art. 37 de la loi n° 2000/011 (art. 27 à 29 de l'Annexe VII).

Toutefois, pour les œuvres d'art appliqué et les œuvres d'architecture, la durée des droits patrimoniaux dans l'Accord de Bangui est exceptionnellement réduite à 25 ans à compter de leur réalisation (art 30 Ann. VII). Étant donné que l'Annexe VII de l'Accord de Bangui sur la propriété littéraire et artistique est « un cadre normatif minimal »[97], la durée de 50 ans prévue pour les œuvres d'art appliqué et architectural demeure celle à appliquer au Cameroun.

---

[96] Pour aller plus loin sur la question du domaine public en droit d'auteur camerounais, lire J. Dashaco Tambutoh, « The Public Domain under the 2000 Copyright Law in Cameroun », in *Regards sur la propriété intellectuelle en Afrique, Mélanges en l'honneur de l'action du Dr Paulin Edou Edou pour l'OAPI*, éd. LGDJ-Juriscope, 2017, pp. 213-234.

[97] Art. 5 al. 2 Accord de Bangui (2015).

Section III : Les sujets du droit d'auteur

Il s'agit ici de présenter les personnes susceptibles d'être titulaires du droit des droits reconnus à l'auteur. L'examen de la Loi n° 2000/011 révèle que ces titulaires peuvent être originaires (Sous-section I) ou dérivés (Sous-section II).

Sous - section I : Les titulaires originaires

§1 : Le cas des œuvres individuelles

L'œuvre individuelle est celle réalisée par un seul auteur. La qualité d'auteur est exclusivement attribuée à une personne physique, conformément à l'article 7 alinéa 1er de la Loi n° 2000/011 qui dispose : « L'auteur est la personne physique qui a créé une œuvre littéraire ou artistique ».

Poursuivant dans sa volonté de mettre la personne physique au centre de l'organisation du droit d'auteur, le législateur, après l'avoir reconnu comme auteur, le reconnaît également comme premier titulaire du droit d'auteur. C'est dans ce sens que l'article 7 alinéa 2 du même texte poursuit en précisant que « l'auteur d'une œuvre protégée en vertu de la présente loi est le premier titulaire du droit d'auteur sur ladite œuvre ». Ainsi dans le cas d'œuvres individuelles, l'auteur est le titulaire originaire du droit d'auteur et est nécessairement une personne physique, ce qui diffère de l'hypothèse des œuvres plurales où comme nous le verrons la titularité du droit d'auteur peut échoir à une personne morale.

§2 : Le cas des œuvres plurales

Nous l'avons vu, l'œuvre plurale est celle réalisée par plusieurs auteurs, simultanément ou de manière successive. Le législateur les distingue en trois catégories évoquées *supra* : l'œuvre de collaboration, l'œuvre collective et l'œuvre composite. La titularité des droits pour chacune de ces catégories est spécialement aménagée.

A. L'œuvre de collaboration

Il est clairement affirmé à l'alinéa 1er de l'article 8 de la Loi n° 2000/011 que : « Les coauteurs sont les premiers cotitulaires du droit d'auteur sur l'œuvre de collaboration ». Ainsi s'agissant de l'œuvre de collaboration, la titularité du droit d'auteur est dès l'origine reconnue à tous les auteurs qui ont participé à sa réalisation.

Le législateur a par ailleurs prévu le régime de mise en œuvre des droits par les co-auteurs sur l'œuvre commune et en cas de division de l'œuvre de collaboration.

L'exercice des droits sur l'œuvre commune — Les droits sur l'œuvre commune doivent être exercés d'un commun accord entre les co-auteurs (article 8, alinéa 2). S'agissant notamment de l'exercice de l'action en justice, le co-auteur qui prend l'initiative de son exercice pour la défense de ses droits patrimoniaux doit mettre en cause son ou ses co-auteurs, à peine d'irrecevabilité (article 8, alinéa 2). Par ailleurs, la mise à jour d'un des éléments de l'œuvre commune due par l'un des co-auteurs ne peut être faite sans le consentement de ce dernier ou sans l'avoir mis en demeure de le faire (article 8, alinéa 3). Toutefois, le co-auteur qui a volontairement laissé exploiter l'œuvre de collaboration sans aucune réclamation est considéré comme ayant renoncé à tirer profit de cette exploitation, mais conserve la possibilité d'exercer pour l'avenir ses droits en qualité de co-auteur. Toutefois, il peut exercer pour l'avenir ses droits de co-auteurs (article 8, alinéa 4). Enfin, sauf convention contraire, les bénéfices résultant de l'exploitation de l'œuvre de collaboration sont partagés entre les co-auteurs proportionnellement à leur contribution dans l'œuvre de collaboration (article 8, alinéa 5).

Les droits sur l'œuvre divisible — En cas de divisibilité de l'œuvre de collaboration, le législateur donne la liberté à chaque co-auteur de l'œuvre de collaboration d'exploiter la partie indépendante qu'il a créée tout en étant cotitulaire des droits sur l'œuvre commune (article 8 alinéa 1er). Des limitations sont toutefois prévues à l'exploitation de la contribution divisible. D'une part l'exploitation de la partie indépendante ou divisible de l'œuvre de collaboration n'est possible que si la convention de collaboration ne l'interdit pas et si une telle exploitation porte préjudice à celle de l'œuvre commune.

L'exigence d'une convention de collaboration — L'œuvre de collaboration doit faire l'objet d'une convention de collaboration et en cas de conflit entre les co-auteurs sur les termes de la convention, il appartiendra à la juridiction compétente de statuer (article 8 alinéa 6). Les règles de compétence, matérielle notamment, applicables dans ce cas, seront celles prévues par le droit commun selon que la demande est déterminée ou non dans son montant[98].

Par ailleurs, en cas d'inachèvement de la contribution de l'un des co-auteurs, dû à un refus de ce dernier ou à un cas de force majeure, les autres co-auteurs pourront, de commun accord, terminer cette contribution, malgré les droits dont dispose le co-auteur défaillant sur sa contribution à l'œuvre de collaboration.

Pour les œuvres de collaboration qui constituent des œuvres de commande, la version définitive doit être établie d'un commun accord entre les co-auteurs et le commanditaire.

---

[98] Voir loi n° 2006/015 du 29 décembre 2006 portant organisation judiciaire.

B. L'œuvre collective

Aux termes de l'article 11 alinéa 1er de la loi n° 2000/011, « le premier titulaire des droits sur une œuvre collective est la personne physique ou morale à l'initiative et sous la responsabilité de laquelle l'œuvre a été créée et qui l'a publiée sous son nom. »

Ainsi, en ce qui concerne l'œuvre collective, le législateur admet exceptionnellement que le premier titulaire du droit d'auteur puisse être une personne morale. Il s'agit d'une exception au principe posé à l'article 7 selon lequel l'auteur, personne physique, est le premier titulaire du droit d'auteur.

Toutefois, il y'a lieu de préciser que l'œuvre collective est toujours réalisée par plusieurs personnes physiques qui conservent la qualité de co-auteurs, mais sans exercer le droit d'auteur, celui-ci étant attribué à la personne physique ou morale à l'initiative et sous la responsabilité de laquelle l'oeuvre a été créée et qui l'a publiée sous son nom. Il y a ainsi cession légale du droit d'auteur au profit de celui qui prend l'initiative et la responsabilité de la création, sans qu'il soit nécessaire que ce dernier ait également participé au processus de création de l'œuvre.

Par ailleurs, sauf stipulations contractuelles contraires, les auteurs ayant participé à la réalisation de l'œuvre collective pourront chacun, exploiter leur contribution indépendamment de l'œuvre collective, sous réserve de ne pas porter préjudice à l'exploitation de celle-ci (article 11 alinéa 2). Le législateur consacre ainsi la prééminence des droits sur l'œuvre collective par rapport aux droits sur les contributions indépendantes pour la réalisation de l'œuvre collective.

C. L'œuvre composite

Aux termes de l'article 10 de la loi n° 2000/011, l'auteur de l'œuvre composite « est le premier titulaire du droit d'auteur sur celle-ci, sous réserve du respect du droit d'auteur attaché à chaque œuvre préexistante incluse dans l'œuvre dérivée ».

Ainsi, bien que l'œuvre composite soit adossée à une œuvre antérieure ou préexistante, la titularité du droit est légalement dévolue à l'auteur de l'œuvre composite, sous réserve bien entendu de l'obtention préalable de l'autorisation du titulaire des droits sur l'œuvre préexistante.

§3 : Les autres cas

A. L'œuvre anonyme et pseudonyme

L'œuvre anonyme est « celle qui ne porte pas le nom de son auteur » (article 2, alinéa 6 de la Loi n° 2000/011) tandis que l'œuvre pseudonyme est « celle qui désigne l'auteur par un nom fictif » (article 2, alinéa 7 de la Loi n° 2000/011).

Le législateur prévoit à l'article 10 de Loi n° 2000/011 un régime de principe commun pour ces deux types d'œuvres. D'après l'alinéa 1er, l'auteur de l'œuvre anonyme et celui de l'œuvre pseudonyme sont titulaires du droit d'auteur, mais seront représentés pour l'exercice de leurs droits par l'éditeur de leurs œuvres respectives, tant qu'ils n'auront pas fait connaître leur identité civile, ni justifier de leur qualité d'auteur.

Toutefois, s'agissant de l'œuvre pseudonyme, la représentation par l'éditeur pour l'exercice du droit d'auteur est exclue lorsque le pseudonyme ne laisse aucun doute sur l'identité civile de l'auteur (alinéa 2 de l'article 10 de la Loi n° 2000/011).

B. L'œuvre de folklore

Les expressions du folklore étaient définies à l'article 2 xx) de l'Annexe VII de l'Accord de Bangui (1999) comme étant « des productions d'éléments caractéristiques du patrimoine artistique traditionnel développé et perpétué par une communauté ou des individus, reconnues comme répondant aux attentes de cette communauté et comprenant les contes populaires, la poésie populaire, les chansons et la musique instrumentale populaires, les danses et spectacles populaires ainsi que les expressions artistiques des rituels et les productions d'art populaire »[99].

Relèvent par exemple du folklore au sens du droit d'auteur les danses et chansons traditionnelles transmises au fil des générations au sein des communautés culturelles camerounaises.

D'après l'article 5 de la loi n° 2000/011, le folklore appartient au patrimoine culturel national[100] et sa représentation ou sa fixation directe ou indirecte à des fins privées est libre (alinéas 1er et 2 respectivement). En revanche, la représentation ou la fixation directe ou indirecte d'une œuvre de folklore à des fins lucratives est subordonnée à l'obtention d'une autorisation de l'administration en charge

---

[99] Les expressions du folklore ne sont pas définies dans l'Acte de 2015.

[100] En application des dispositions de l'article 21 al. 1er de la Loi n° 2013/003 du 18 avril 2013 régissant le patrimoine culturel au Cameroun, les œuvres du folklore, compte tenu de ce qu'elles appartiennent au patrimoine national, sont inaliénables et imprescriptibles. Ce principe d'imprescriptibilité et d'inaliénabilité devrait pouvoir logiquement s'étendre au droits immatériels d'auteur sur ces œuvres, le patrimoine culturel étant constitué à la fois d'éléments matériels et immatériels si on s'en tient à sa définition prévue à l'article 2 de la Loi n° 2013/003.

de la culture (ministère en charge de la culture) moyennant le paiement d'une redevance[101] (alinéa 3).

Sous - section II : Les titulaires dérivés

La titularité du droit d'auteur peut échoir à certaines personnes de manière dérivée. C'est le cas notamment pour les œuvres réalisées dans le cadre d'un contrat de travail ou de commande, ou pour les ayants cause et ayants droit de l'auteur.

§1. Les œuvres réalisées dans le cadre d'un contrat de travail

La loi n° 2000/011 ne prévoit pas les conditions d'attribution du droit d'auteur dans la situation d'une œuvre réalisée dans le cadre d'un contrat de travail. Face au silence de la loi, on devrait se référer aux dispositions régionales de l'Accord de Bangui (2015) qui organise la titularité du droit d'auteur dans ce cas.

L'article 35 alinéa 2 de l'Annexe VII sur la propriété littéraire et artistique énonce en substance, à ce sujet, que l'auteur d'une œuvre réalisée dans le cadre d'un contrat de travail pour le compte d'une personne physique ou morale, privée ou publique, est le premier titulaire des droits patrimoniaux et moraux sur cette œuvre, mais que « les droits patrimoniaux sont considérés comme transférés à l'employeur dans la mesure justifiée par les activités de l'employeur ». L'Accord de Bangui, s'agissant de l'œuvre de salarié, adopte ainsi une position quasi identique à celle du législateur camerounais en matière d'œuvre de commande. L'annexe VII reconnaît en effet l'auteur salarié comme étant le premier

---

[101] D'après la Décision n° 004/041/MINCULT/CAB du 14 juillet 2004, le montant de la redevance d'exploitation des œuvres du folklore est d'un pour cent (1 %) des droits perçus au titre du droit d'auteur et des droits voisins, à l'exception des rémunérations pour copie privée des œuvres imprimées, des vidéogrammes et des phonogrammes.

titulaire des droits moraux et patrimoniaux, mais opère une cession légale des droits patrimoniaux au profit de l'employeur.

Toutefois, l'article 35 alinéa 2 *in fine* précise que les droits patrimoniaux sont réputés transférés « dans la mesure justifiée par les activités habituelles de l'employeur (…) au moment de la création de l'œuvre ». En d'autres termes, les droits patrimoniaux sur l'œuvre de salarié devront être considérés comme transférés que si les activités habituelles de l'employeur sont en relation avec l'œuvre créée. Par exemple si le salarié réalise un tableau, les droits patrimoniaux sur ce tableau ne seront transférés à l'employeur que si les activités habituelles de ce dernier sont relatives à la réalisation et/ou la commercialisation de tableaux.

§2. Les œuvres de commande

L'œuvre de commande est définie à l'article 2 alinéa 13 de la Loi n° 2000/011 comme étant « celle créée pour le compte d'une personne physique ou morale dénommée commanditaire, moyennant rémunération ». La commande a la nature d'un louage d'ouvrage et est marqué par des rapports d'indépendance dans la relation qui se créée entre le maître d'ouvrage (le commanditaire) et de maître d'œuvre (l'auteur commandité)[102].

La position du législateur s'agissant de la titularité du droit d'auteur dans le cadre d'une œuvre de commande est fixée à l'article 12 alinéa 1er de la Loi n° 2000/011 qui dispose : « Dans le cadre d'une œuvre de commande, l'auteur est le premier titulaire du droit d'auteur. Toutefois, sauf disposition contractuelle, les droits patrimoniaux sur ladite œuvre sont

---

[102] J. HUET, *Les principaux contrats spéciaux*, éd. LGDJ, 2e éd., 2001, n° 32132 et s.

considérés comme transférés au commanditaire qui les exerce dans les limites convenues ».

Ainsi, comme examiné ci-dessus pour les œuvres de salariés, l'auteur est reconnu comme étant le titulaire originaire du droit d'auteur, mais se voit dépossédé des attributs patrimoniaux de ce droit par une cession légale au profit du commanditaire.

Néanmoins, le législateur précise que cette cession légale des droits patrimoniaux est prévue « sauf disposition contractuelle » et dans « les limites convenues ». Ce qui signifie que l'auteur, selon le rapport de force en présence au moment de la conclusion du contrat de commande, peut d'une part obtenir qu'il soit stipulé qu'il reste le titulaire du droit d'auteur et que la commande de l'œuvre effectuée n'emporte aucune cession des droits patrimoniaux au profit du commanditaire. D'autre part, dans le cas où l'auteur de l'œuvre de commande n'use pas de cette faculté, il peut toujours limiter l'exercice des droits patrimoniaux sur l'œuvre commandée. Par exemple en circonscrivant son exploitation dans le temps ou à une utilisation déterminée. L'auteur pourra ainsi limiter l'exploitation de l'œuvre à sa reproduction et interdire sa représentation publique dans le cadre par exemple d'une exposition.

Par ailleurs, il y a lieu de noter que le commanditaire n'est que cessionnaire des droits patrimoniaux sur l'œuvre commandée et non pas des droits moraux dont demeure titulaire l'auteur commandité. Toutefois, l'exercice de ses droits moraux ne doit pas nuire à la jouissance des droits patrimoniaux transférés (article 12, alinéa 2 de la Loi n° 2000/011). Autrement, il s'agira d'un abus de droit susceptible d'engager la responsabilité civile du commandité.

Il y a par ailleurs lieu de préciser que le régime de titularité de l'Annexe VII de l'Accord de Bangui prévu ci-dessus pour les œuvres de salariés s'applique également au contrat de commande[103]. Ainsi comme dans la loi n° 2000/011, il est prévu à l'article 35 alinéa 2 de cette annexe que les droits patrimoniaux d'auteur reconnus *ab initio* à l'auteur sont, sauf stipulation contraire, légalement transférés au commanditaire. Toutefois, l'Annexe VII précise que ces droits sont transférés dans la mesure justifiée par les activités de la personne physique ou morale commanditaire. Ainsi, l'Annexe VII de l'Accord de Bangui en vigueur est plus restrictive que la loi n° 2000/011 sur les modalités de transfert des droits patrimoniaux au commanditaire et ne l'applique que si les activités du commanditaire sont en rapport avec l'œuvre réalisée. En d'autres termes, en application de l'Annexe VII de l'Accord de Bangui, les droits patrimoniaux sur un logiciel de gestion commandé par un cabinet de conseil juridique ne seront pas en principe transférés à ce dernier, étant donné que les activités habituelles dudit cabinet ne visent nullement la conception et/ou la commercialisation de logiciel. Il devra en revanche avoir transfert des droits patrimoniaux, en application de l'Annexe VII de l'Accord de Bangui, si le logiciel de gestion réalisé a été commandé par une société d'édition de logiciels.

Les œuvres de commande pour la publicité — Enfin, il est prévu à l'alinéa 3 des règles spécifiques pour l'œuvre de commande utilisée pour la publicité. Dans ce cas particulier, il y a toujours, sauf stipulation contraire, cession des droits patrimoniaux de l'auteur au profit du commanditaire, sous réserve que le contrat prévoie une rémunération distincte pour chaque mode d'exploitation de l'œuvre. Par exemple, si une œuvre de commande pour la publicité doit être diffusée à la télévision et à la radio, il doit être prévu une rémunération distincte pour ces deux modes d'exploitation. La fixation de cette rémunération est faite, selon l'alinéa 3 *In fine*, en fonction « notamment » de la zone géographique, de la durée d'exploitation, de l'importance du

---

103 Art. 35 al. 2.

tirage et de la nature du support. L'idée véhiculée par le législateur camerounais à travers cette disposition est que la cession des droits patrimoniaux sur l'œuvre de commande pour la publicité doit s'opérer contre le paiement d'une juste rémunération de l'auteur, qui tienne compte de l'étendue de son exploitation par le commanditaire.

§3. Les ayants droit et ayants cause de l'auteur

Il s'agit ici des hypothèses où des personnes autres que l'auteur deviennent titulaires du droit d'auteur par un acte volontaire de l'auteur ou par la survenance d'un fait juridique.

Ce sera notamment le cas dans l'hypothèse d'une cession, d'un leg ou d'une donation des droits patrimoniaux de l'auteur à un tiers ou par la transmission successorale aux héritiers des droits de l'auteur décédé.

Si les droits d'auteur transmis à cause de mort sont de véritables droits au profit des ayants cause en ce qui concerne les droits patrimoniaux, ils sont envisagés par une certaine doctrine comme étant plutôt des pouvoirs pour ce qui est de l'exercice des droits moraux[104], compte tenu du caractère personnel de ceux-ci. Cela implique pour les bénéficiaires d'exercer le droit moral ainsi dévolu dans le respect des intentions[105], de la volonté ou de la personnalité de l'auteur.

S'agissant cependant du droit de retrait ou de repentir, une certaine jurisprudence[106], suivie par certains auteurs[107], tend à considérer qu'il s'éteint avec la mort de l'auteur, à

---

[104] C. Caron, préc., p. 221.

[105] TGI Seine, 25 mars 1963, *RIDA* 1963, n° 41, p. 157 — CIV. 1re, 24 oct. 2000, *RTDcom*, 2001, p. 94, obs. A. Françon.

[106] TGI Seine, 1re ch., 15 avr. 1964, *Gaz. Pal.* 1964, II, p. 23, cl. Gulphe — Paris, 1re ch., 17 déc. 1986, *JCP* 1987, II, P. 20899, note Edelman

[107] A. Lucas, H.-J. Lucas et A. Lucas-Schloetter, *Traité de la propriété littéraire et artistique*, préc., p. 529 — F. Pollaud-Dulian, *Le droit d'auteur*, préc., n° 875, pp. 648-649.

moins que ce dernier ait de manière non équivoque exprimé la volonté de son exercice après sa mort[108]. Cette position devrait être approuvée dans la mesure où personne mieux que l'auteur d'une œuvre peut juger de l'opportunité de la modifier ou de la supprimer en totalité ou en partie.

---

[108] Trib Civ. Seine, 10 oct. 1951, JCP G. 1952, II, p. 7240, obs. R. Plaisant.

CHAPITRE II

L'EXERCICE DU DROIT D'AUTEUR

Le droit d'auteur, comme tous les droits de propriété intellectuelle, confère à l'auteur ou aux titulaires des droits, des droits exclusifs qu'il exerce notamment par la conclusion des contrats d'exploitation (Section I) ou par l'action en contrefaçon pour se défendre contre les atteintes susceptibles d'y être portées (Section II).

Section I : L'exploitation du droit d'auteur

Aucune disposition légale n'interdit à l'auteur d'assurer personnellement l'exploitation des droits exclusifs légalement reconnus sur son œuvre. Cependant pour certaines œuvres, l'exploitation des droits patrimoniaux y afférents requiert d'engager d'importants moyens matériels, humains, financiers et de contrôle, imposant ainsi de recourir à des professionnels. C'est ainsi que généralement, l'auteur va conclure des contrats d'exploitation avec des tiers (Section 1) et/ou confier la gestion de ses droits à un organisme de gestion collective (Section 2).

§1 : Les contrats d'exploitation

Dans les dispositions consacrées à l'exploitation des droits, la loi n° 2000/11 met en relief les licences. Toutefois, le législateur utilise également le terme « autorisation », laissant implicitement la voie à l'intégration d'autres formes d'exploitation en dehors de la licence. Généralement, pour l'exploitation de ses droits patrimoniaux, l'auteur peut conclure un contrat de cession ou de licence avec un exploitant en contrepartie d'une rémunération, quoique l'autorisation puisse également être gratuite[109].

Par la cession, l'auteur (appelé le cédant) se sépare définitivement ou temporairement[110] de ses droits patrimoniaux en les transférant à l'exploitant (appelé cessionnaire) qui en devient propriétaire. À travers la licence, l'auteur (appelé dans ce cas donneur de licence ou concédant), sans aucun transfert de propriété, ne fait que concéder temporairement l'exploitation de ses droits patrimoniaux à des tiers (appelés licenciés ou concessionnaires de la licence).

La licence peut être exclusive lorsque le licencié exploite seul les droits patrimoniaux d'auteur ou non exclusive lorsque l'exploitation des droits patrimoniaux est effectuée par plusieurs licenciés ou par ceux-ci et le titulaire des droits patrimoniaux (article 23, alinéa 3 de la Loi n° 2000/011).

Les règles de droit applicables aux contrats d'exploitation sont généralement très protectrices des intérêts de l'auteur, afin de le préserver d'éventuels abus d'exploitants. Certaines de ces règles sont générales et s'appliquent à tous les contrats d'exploitation (A) tandis que d'autres sont spécifiques à certains contrats (B).

A. Les règles générales aux contrats d'exploitation

Les règles générales sur l'exploitation des droits sont prévues aux articles 22 et 24 à 27 de Loi n° 2000/011 et s'appliquent autant à la cession qu'à la licence. Elles

---

109 Art. 22 al. 3 Loi n° 2000/011.

110 C'est ce qui découle de l'interprétation de l'article 23 al. 7 qui dispose : « L'acte d'autorisation détermine les buts envisagés, le mode, la durée (…) ».

concernent les modalités d'octroi de l'autorisation (1) et de rémunération de l'auteur (2).

1) Les conditions d'octroi de l'autorisation d'exploitation

La validité de l'autorisation d'exploitation — D'après l'article 22 de la loi n° 2000/011, l'exploitation d'une œuvre par une autre personne que l'auteur est subordonnée à l'autorisation de ce dernier ; cette autorisation doit être constatée par écrit (alinéa 1) à peine de nullité (alinéa 2). Ainsi l'écrit exigé est une condition de validité du contrat d'exploitation et pas simplement un moyen de preuve. Le consensualisme du droit commun des contrats ne s'applique donc pas aux contrats d'exploitation du droit d'auteur. En revanche, les exigences classiques de fond pour la validité des contrats prévue aux articles 1108 et 6 du Code civil s'y appliquent, à savoir le consentement exempt de vice, la capacité de contracter, l'objet et la cause licites, ainsi que l'absence de contrariété du contrat d'exploitation à l'ordre public et aux bonnes mœurs. De même, seront applicables à la cession les règles spécifiques prévues pour la vente, et à la licence le droit spécial du louage d'ouvrage.

L'autorisation de l'auteur peut être donnée à titre gratuit ou onéreux et porter sur tout ou partie des droits patrimoniaux (alinéa 3).

Domaine de l'autorisation d'exploitation — L'étendue et la nature de l'autorisation d'exploitation des droits patrimoniaux doivent être expressément précisées dans le contrat. Ainsi, lorsque l'autorisation est totale (c'est-à-dire lorsqu'elle porte sur l'ensemble des droits patrimoniaux), sa portée est limitée aux modes d'exploitation (télédiffusion, câble, vidéogramme…) prévus dans l'acte (alinéa 4 art. 22 de la Loi n° 2000/011). La portée de l'exploitation étant limitée aux modes d'exploitation expressément prévus dans le contrat.

Par ailleurs, l'autorisation est limitée aux droits patrimoniaux explicitement mentionnés dans l'acte et chaque droit doit faire l'objet d'une mention distincte (al. 6 art. 22 de la Loi n° 2000/011). Il s'ensuit que n'est pas suffisant, le fait de simplement mentionner dans l'acte que l'autorisation porte sur l'ensemble des droits patrimoniaux. Il faut en outre que soit précisée la nature exacte des droits patrimoniaux cédés (Ex. : droit de reproduction, de représentation, de transformation, de distribution ou de location).

L'acte d'autorisation doit également déterminer les buts envisagés (Ex. : autorisation de représentation pour l'organisation d'un spectacle, ou dans le cadre d'une manifestation culturelle ou commerciale), le mode, la durée et le lieu d'exploitation de l'œuvre (alinéa 7 de l'article 22 de la Loi n° 2000/011).

Conséquences du défaut de mention du lieu et du mode d'exploitation de l'œuvre — Le défaut de mention du lieu d'exploitation de l'œuvre est considéré comme limitant l'autorisation d'exploitation au pays dans lequel celle-ci est accordée (alinéa 8 article 22 de la Loi n° 2000/011). De même, le défaut de mention du mode d'exploitation de l'œuvre est considéré comme limitant l'autorisation d'exploitation aux buts envisagés lors de l'octroi de la licence (alinéa 9 de l'article 22 de la Loi n° 2000/011).

Proscriptions à peine de nullité — En outre, sont sanctionnées par la nullité :

- L'autorisation d'exploiter l'ensemble des œuvres futures de l'auteur, sauf si cette autorisation est faite en faveur d'un organisme de gestion collective (article 26 de la Loi n° 2000/011) ;

- La clause par laquelle l'auteur s'engage à ne pas créer d'œuvre (article 27 de la Loi n° 2000/011).

Concernant l'interdiction des clauses d'autorisation d'exploitation des œuvres futures de l'auteur, il y a lieu de préciser que celles-ci ne sont proscrites que lorsqu'elles portent sur l'ensemble des œuvres futures. En revanche, de telles clauses seront valables si l'autorisation porte sur plusieurs œuvres futures de l'auteur sans en englober la totalité. C'est dans ce sens que dans le cadre de contrats d'édition, l'article 48 de la Loi n° 2000/011 admet des pactes de préférence par lesquelles l'auteur accorde à l'éditeur un droit de préférence pour l'édition de ses œuvres futures, dès lors que cette préférence est limitée à un genre nouveau et dans la limite de cinq ouvrages par genre.

Obligation d'exploitation — Enfin il est prescrit à l'article 25 que « le bénéficiaire de l'autorisation doit rechercher une exploitation effective » ; ce qui signifie qu'il pèse sur ce dernier une obligation d'exploitation des droits patrimoniaux cédés ou concédés. De plus, poursuit l'article 25, cette exploitation effective doit être conforme aux usages de la profession et de la nature de l'œuvre. Ainsi l'appréciation de l'effectivité de l'exploitation devrait s'effectuer en fonction des usages reconnus à un domaine d'activités artistique ou littéraire considéré. Par exemple, les pratiques d'exploitation de l'œuvre selon les usages du domaine littéraire ne sont pas nécessairement les mêmes que dans le secteur cinématographique. Sur le fondement des dispositions de l'article 25 de la loi n° 2000/011 examiné ci-dessus, l'auteur pourra donc, en cas de non-exploitation de son œuvre, ou d'exploitation qui ne serait pas conforme aux usages, engager la responsabilité contractuelle de l'exploitant ou demander la résiliation du contrat d'exploitation.

2) La rémunération de l'auteur

La loi n° 2000/011 encadre la rémunération de l'auteur en cas d'autorisation d'exploitation de ses droits patrimoniaux[111]. L'auteur doit en principe percevoir une rémunération proportionnelle aux recettes d'exploitation de son œuvre (article 24 alinéa 1er de la Loi n° 2000/011).

La possibilité d'une rémunération forfaitaire n'est admise que dans trois cas exceptionnels fixés à l'alinéa 2 de l'article 24 de la Loi n° 2000/011, à savoir lorsque :

- Les bases de calcul de la rémunération proportionnelle ne peuvent être pratiquement déterminées (Ex. : lorsque les œuvres sont distribuées gratuitement) ;
- Les frais de contrôle sont hors de proportion avec les résultats à atteindre ;
- L'utilisation de l'œuvre ne présente qu'un caractère accessoire par rapport à l'objet exploité (Ex. : œuvres d'art appliqué).

La violation de la règle du principe de la rémunération proportionnelle est sanctionnée par le paiement à l'auteur d'une rémunération s'élevant à 20 % des recettes d'exploitation (article 24 alinéa 3, Loi n° 2000/011).

Il convient de préciser que les règles de rémunération proportionnelle et les sanctions qui en découlent en cas d'inobservation ne profitent qu'à l'auteur. En effet, le texte de l'article 24 de la Loi n° 2000/011 fait uniquement référence à « la rémunération de l'auteur ». Il s'ensuit que le cessionnaire des droits patrimoniaux ne devrait pas être tenu par cette règle de rémunération proportionnelle pour les autorisations d'exploitation qu'il pourrait concéder à des tiers. Le contrat d'exploitation dans cette hypothèse devrait pouvoir prévoir

[111] L. Y. NGOMBE, préc., pp. 246 et s.

une rémunération forfaitaire en dehors des cas limitativement prévus à l'article 24 alinéa 2 de la Loi n° 2000/011.

B. Les règles spéciales à certains contrats

À côté des règles générales des contrats d'exploitation des droits patrimoniaux d'auteur examinés ci-dessus, le législateur a prévu un régime spécifique pour les contrats de représentation (1), d'édition (2) et de production audiovisuelle (3).

1) Le contrat de représentation

Le contrat de représentation est défini à l'article 40 de la Loi n° 2000/011 comme étant « la convention par laquelle le titulaire du droit d'auteur [sur une œuvre] autorise un organisateur du spectacle à exécuter, faire ou laisser exécuter, représenter, faire ou laisser représenter publiquement ladite œuvre selon les conditions qu'il détermine. »

En d'autres termes le contrat de représentation concerne l'exploitation par les entrepreneurs du spectacle du droit de représentation publique de l'auteur ou du titulaire du droit d'auteur.

Le contrat de représentation est marqué par une certaine liberté contractuelle puisque le législateur laisse aux parties la faculté d'en déterminer les conditions. Il s'ensuit que, en application du principe selon lesquels les règles spéciales dérogent aux règles générales, les dispositions impératives relatives notamment à la rémunération, à l'étendue et au mode d'exploitation ne s'imposent pas dans le cadre du contrat de représentation.

Ce contrat, qui, sauf stipulation contractuelle expresse, ne confère aucun monopole d'exploitation à l'entrepreneur de spectacle[112], doit être exécuté dans le respect du droit moral de l'auteur[113]. Il doit par ailleurs être conclu pour une durée déterminée et pour un nombre déterminé de communications au public[114].

La cession du contrat de représentation à un tiers par l'organisateur du spectacle doit se faire avec le consentement écrit du titulaire du droit d'auteur[115]. Ce dernier pourra être l'auteur, le cessionnaire du droit de représentation ou les ayants cause de l'auteur (héritiers ou légataires)[116].

2) Le contrat d'édition

D'après l'article 42 de la Loi n° 2000/011, « le contrat d'édition est la convention par laquelle l'auteur autorise à des conditions déterminées, une personne appelée éditeur, à fabriquer un nombre défini d'exemplaires de l'œuvre, à charge pour elle d'en assurer la publication ». Le contrat d'édition a donc pour objet la fabrication et la publication par l'éditeur d'une œuvre avec l'autorisation du titulaire des droits.

Le régime du contrat d'édition est fixé aux articles 43 à 48 de la Loi n° 2000/011.

Obligations des parties – Ce contrat fait notamment naître des obligations tant à l'égard du titulaire des droits que de l'éditeur.

Selon l'article 43 alinéa 1er, l'auteur ou le titulaire des droits est tenu :
- De garantir à l'éditeur l'exercice paisible et, sauf convention contraire, exclusif du droit cédé ou concédé ;

---

112 Art. 41 al. 1er.
113 Art. 41 al. 2.
114 Art. 41 al.1er.
115 Art. 41 al. 3 *In fine*.
116 Dans le même sens, X.L. de Bellefonds, préc., p. 338.

- De faire respecter le droit cédé ou concédé et de le défendre contre toute atteinte ;
- De permettre à l'éditeur de remplir ses obligations et notamment de lui remettre, dans un délai prévu au contrat, l'objet de l'édition (œuvre musicale, œuvre littéraire…) dans une forme qui permette sa fabrication normale.

Quant à l'éditeur, il est notamment tenu d'après les articles 43 alinéa 2 et 44 alinéa 1er :
- D'effectuer ou de faire effectuer la fabrication de l'œuvre suivant les conditions et modes d'expression prévus dans le contrat ;
- De n'apporter à l'œuvre aucune modification sans l'autorisation écrite du titulaire du droit d'auteur (sous peine de contrefaçon du droit moral au respect de l'intégrité de l'œuvre) ;
- De faire figurer sur des exemplaires, sauf convention contraire, le nom, le pseudonyme ou la marque du titulaire du droit d'auteur ;
- D'assurer à l'œuvre une exploitation permanente et suivie, ainsi qu'une diffusion commerciale, conformément aux usages de la profession ;
- De fournir à l'auteur toutes justifications propres à établir l'exactitude de ses comptes.

En l'absence de dispositions particulières, les règles générales relatives aux modalités d'octroi de l'autorisation d'exploitation et à la rémunération examinées ci-dessus s'appliquent aux contrats d'édition.

Contrats à compte d'auteur et de compte à demi – Par ailleurs, la loi distingue à l'article 49 le contrat d'édition du contrat à compte d'auteur et du contrat de compte à demi.

Le contrat à compte d'auteur est un contrat de louage d'ouvrage par lequel l'auteur ou le titulaire des droits verse une rémunération à l'éditeur pour la fabrication, la publication et la diffusion par ce dernier d'une œuvre dans la forme et suivant les modes d'expression déterminés au contrat[117].

Le contrat de compte à demi est celui par lequel le titulaire du droit d'auteur charge un éditeur de fabriquer, de publier et de diffuser à ses frais son œuvre moyennant l'engagement réciproque des parties de partager proportionnellement les bénéfices et les pertes de son exploitation[118]. Le législateur qualifie ce contrat d'association en participation[119].

Le contrat à compte d'auteur et le contrat de compte à demi ne sont réputés conclus qu'après l'approbation de l'organisme compétent de gestion collective (article 49, alinéa 2 de la Loi n° 2000/011). Il s'agit d'une condition de validité dont l'inobservation pourra entraîner la nullité du contrat.

Opérations entre l'éditeur et les tiers — Pour protéger les intérêts de l'auteur, ses ayants droit et ses ayants cause, le législateur a prévu certaines précautions à prendre par l'éditeur dans ses opérations avec les tiers. Ainsi :
- L'acquéreur du fonds de commerce de l'éditeur est tenu par les obligations de ce dernier à l'égard du titulaire du droit d'auteur[120] ;
- L'apport en société ou le bénéfice du contrat d'édition à des tiers par l'éditeur indépendamment de son fonds de

[117] Cf. art. 49 al. 1(a).
[118] Cf. art. 49 al. 1(b).
[119] Cf. art. 49 al. 1 (c).
[120] Art. 46 al. 1er.

commerce, à titre gratuit ou onéreux, est subordonné à l'autorisation du titulaire du droit d'auteur[121] ;
- Le titulaire du droit d'auteur peut obtenir réparation, même par la résiliation du contrat d'édition, en cas d'aliénation du fonds de commerce de l'éditeur, de nature à compromettre gravement ses intérêts matériels et moraux[122].

Édition d'œuvres futures — La loi n° 2000/011 permet au titulaire du droit d'auteur d'accorder à l'éditeur un droit de préférence pour l'édition d'œuvres futures, à condition qu'une telle autorisation soit limitée à un genre déterminé et à cinq œuvres nouvelles autorise par genre[123].

3) Le contrat de production audiovisuelle

Aux termes de l'article 50 de la Loi n° 2000/011, « le contrat de production audiovisuelle est la convention par laquelle une ou plusieurs personnes physiques s'engagent, moyennant rémunération, à créer une œuvre audiovisuelle pour une personne physique ou morale dénommée producteur ».

II ressort de cette disposition que le contrat de production audiovisuelle ne peut être passé qu'à titre onéreux.

De plus, le contrat de production audiovisuelle entraîne automatiquement cession des droits d'exploitation de l'œuvre au profit du producteur (article 51 alinéa 1er). Néanmoins, cette cession légale ne s'applique pas pour la production audiovisuelle d'œuvres musicales (article 51, alinéa 1er). De plus, le contrat de production audiovisuelle n'emporte pas cession des droits graphiques et théâtraux sur l'œuvre audiovisuelle (article 51 alinéa 2). Il s'ensuit que le producteur d'une œuvre audiovisuelle ne pourra pas par

[121] Art. 46 al. 2.
[122] Art. 46 al. 3.
[123] Art. 48.

exemple négocier son adaptation en bande dessinée ou en œuvre théâtrale[124].

On s'interroge toutefois sur la portée juridique des droits exclusifs d'exploitation reconnus au producteur d'œuvres audiovisuelles. En effet, d'après les dispositions contradictoires de l'article 51 alinéa 1er, « le contrat qui lie le producteur aux auteurs d'une œuvre audiovisuelle, autres que l'auteur d'une œuvre musicale, emporte, sauf clause contraire et sans préjudice des droits reconnus à l'auteur, cession au profit du producteur des droits exclusifs d'exploitation de l'œuvre audiovisuelle ». Ainsi ce droit exclusif d'exploitation ne vaudrait que dans le respect des droits légalement reconnus à l'auteur de l'œuvre audiovisuelle ; que vaut une cession des droits exclusifs d'exploitation « sans préjudice des droits reconnus à l'auteur » ? Étant donné que les droits de reproduction, de représentation, de distribution ou de location sont des droits patrimoniaux, donc d'exploitation, reconnus à l'auteur, cette réserve rend, de notre point de vue, pratiquement inapplicable la cession légale des droits d'exploitation de l'œuvre voulue par le législateur. L'application de cette réserve implique nécessairement d'obtenir le consentement de l'auteur de l'œuvre audiovisuelle pour pouvoir valablement exploiter l'œuvre. Cette règle sur la cession légale des droits d'exploitation au producteur de l'œuvre audiovisuelle manque manifestement de clarté. Pour être fixé sur le contenu des droits du producteur audiovisuel par rapport à l'auteur ou aux auteurs, il vaudra mieux se référer aux dispositions hiérarchiquement supérieures de l'Annexe VII de l'Accord de Bangui (2015) qui, sans ambiguïté, le reconnaissent cessionnaire exclusif des droits d'exploitation sur l'œuvre audiovisuelle[125].

---

124 X. L. de Bellefonds, préc., p. 348.

125 Art. 49 al. 2 : « Sauf stipulation contraire, le contrat conclu entre le producteur d'une œuvre audiovisuelle et les coauteurs de cette œuvre,

D'autres règles relatives au contrat de production audiovisuelle sont prévues aux articles 51 à 55 de la Loi n° 2000/011 et concernent notamment les obligations à la charge du producteur audiovisuel et de l'auteur.

Le producteur est par exemple tenu :

- De fournir au moins une fois par an à l'auteur et aux co-auteurs, un état des recettes provenant de l'exploitation de l'œuvre selon chaque mode d'exploitation et de fournir à la demande de ces derniers toute justification propre à établir l'exactitude des comptes (article 52 alinéa 1er de la Loi n° 2000/011) ;
- D'assurer à l'œuvre audiovisuelle une exploitation conforme aux usages de la profession et à la nature de l'œuvre (article 53 alinéa 1er de la Loi n° 2000/011).

Quant à l'auteur, il est tenu de garantir au producteur l'exercice paisible des droits cédés (article 52, alinéa 2 de la Loi n° 2000/011).

S'agissant de la rémunération des auteurs dont les œuvres ont contribué à la réalisation de l'œuvre audiovisuelle, elle est due pour chaque mode d'exploitation et est proportionnelle au prix payé par le public pour recevoir communication d'une œuvre audiovisuelle déterminée et individualisable (article 51, alinéa 3 de la Loi n° 2000/011).

Comme pour les contrats d'édition, les règles générales relatives aux modalités d'octroi et de rémunération des autorisations d'exploitation, examinées ci-dessus, s'appliquent aux contrats de production audiovisuelle.

---

autres que les auteurs des œuvres musicales qui y sont incluses, emporte cession au producteur des droits exclusifs d'exploitation de l'œuvre. »

Sous - section II : La gestion collective des droits

L'auteur d'une œuvre protégée ou le titulaire des droits a la faculté d'exploiter individuellement son œuvre ou d'autoriser des tiers à le faire via la licence ou la cession de ses droits patrimoniaux. Mais il n'est pas toujours aisé pour ce dernier d'assurer lui-même l'attribution de nombreuses autorisations aux usagers de son œuvre ou de contrôler l'exploitation de ses droits. D'où l'intérêt du mécanisme de la gestion collective qui permet au titulaire de droit d'auteur, et même de droits voisins, de confier, généralement partiellement, l'exploitation de ses droits à un organisme de gestion collective[126]. Cet organisme sert ainsi d'intermédiaire dans les relations des auteurs avec de nombreux usagers.

Les missions des organismes de gestion collective des droits d'auteur ressortent implicitement des dispositions de l'article 72 alinéa 2 de la Loi n° 2000/011, à savoir notamment l'exploitation des œuvres d'auteurs ou de titulaires des droits, la défense des droits de ces derniers, ainsi que la perception et la répartition des redevances d'exploitation de leurs droits. Dans la pratique au Cameroun, les organismes de gestion collective des droits d'auteur consacrent essentiellement leurs activités à la perception et à la répartition des redevances d'exploitation, ainsi qu'à la défense des droits de leurs adhérents[127].

L'auteur conserve la faculté d'exploiter directement ses droits malgré son affiliation à un organisme de gestion

---

[126] M. Ondoa, *La protection des œuvres de l'esprit*, Douala éd. PUL, 2008, pp. 57-81.

[127] Pour en savoir plus sur les organismes de gestion collective au Cameroun, voir M. Ondoa, préc., pp. 57-81 — Plus généralement sur ces organismes, lire L. Y. NGOMBE, préc., pp. 167 et s.

collective des droits (article 77 alinéa 1er de la Loi n° 2000/011).

Les règles relatives à la création, au fonctionnement et au contrôle des organismes de collective sont notamment fixées par le Décret n° 2015/3979/PM du 25 septembre 2015 fixant les modalités d'application de la loi n° 2000/011 du 19 décembre 2000 relative au droit d'auteur et aux droits voisins, modifié et complété par le Décret n° 2016/4281 du 21 septembre 2016.

Section II : La défense du droit d'auteur

L'autre corollaire des droits exclusifs d'exploitation dont bénéficie l'auteur ou le titulaire des droits est de lui permettre de se défendre contre les atteintes susceptibles d'être portées à son droit auteur, à travers l'exercice de l'action en contrefaçon. Seront successivement examinés dans le cadre de la défense du droit d'auteur, les actes de contrefaçon (§1), les mesures provisoires ou conservatoires susceptibles d'être prises en cas de contrefaçon (§2), l'action en contrefaçon (§3) et les sanctions de la contrefaçon (§4).

§1 : Les actes de contrefaçon

Nous présenterons le contenu (A) et la preuve des actes de contrefaçon (B).

A. La détermination des actes de contrefaçon

De manière générale est constitutive de contrefaçon, toute atteinte aux droits patrimoniaux et moraux reconnus à l'auteur et/ou au titulaire des droits, sous réserve des exceptions légalement prévues.

La loi n° 2000/011 énumère expressément les actes constitutifs de contrefaçon et les actes assimilés à la contrefaçon.

Sont constitutifs de contrefaçon du droit d'auteur d'après l'article 80 :
- L'exploitation d'une œuvre littéraire ou artistique par reproduction, représentation, transformation ou distribution, et quel qu'en soit le moyen ;
- L'atteinte au droit moral par violation du droit de divulgation, du droit à la paternité ou du droit au respect d'une œuvre littéraire ou artistique.

Est assimilé à la contrefaçon du droit d'auteur d'après l'article 81 :
- L'importation, l'exportation, la vente ou la mise en vente d'objets contrefaisants (Ex. : vente des reproductions d'une peinture sans l'autorisation de l'auteur ou de ses ayants droit)
- La neutralisation frauduleuse des mesures techniques de protection dont les titulaires de droit d'auteur se servent pour la protection de leur production contre les actes non autorisés ;
- Le fait de laisser reproduire ou représenter dans son établissement de façon irrégulière des œuvres protégées ;
- Le défaut de versement ou le retard injustifié de versement d'une rémunération prévue par la loi sur le droit d'auteur (La loi n° 2000/011) ;
- Le fait de supprimer ou de modifier sans y être habilité toute information sous forme électronique relative au régime des droits en sachant ou, pour les sanctions civiles, en ayant de bonnes raisons de penser qu'une telle suppression va entraîner, permettre, faciliter ou dissimuler une atteinte au droit d'auteur ;
- Le fait de distribuer, d'importer aux fins de distribution ou de communiquer au public sans y être habilité des œuvres littéraires ou artistiques en sachant que les informations relatives au régime des droits se présentant sous forme

électronique ont été modifiées ou supprimées sans autorisation ou « pour les sanctions civiles » en ayant de bonnes raisons de penser qu'une telle distribution, importation ou communication va entraîner, permettre, faciliter ou dissimuler une atteinte au droit d'auteur.

D'après l'article 81, alinéa 3, il faut entendre par « information sur le régime des droits « des informations qui permettent d'identifier l'œuvre, l'interprétation, le vidéogramme, le phonogramme ou le programme (entendez programme d'ordinateur ou logiciel), ou les informations sur les conditions et modalités d'utilisation de ces productions et tout numéro ou code représentant ces informations lorsque l'un de ces éléments est joint à l'exemplaire d'une production ou est lié à une communication d'une production au public».

Il est important de noter que, de principe jurisprudentiel établi[128], les actes de contrefaçon s'apprécient à partir des ressemblances les objets en cause et non pas à partir de leurs différences

B. La preuve des actes de contrefaçon

Le principe de la preuve par tous moyens — La contrefaçon étant un fait juridique, elle peut être prouvée par tout moyen[129]. L'acte de contrefaçon pourra notamment être établi par un constat d'huissier ou d'un officier de police judiciaire[130] ou une reproduction de l'œuvre protégée achetée dans le commerce avec sa facture d'achat.

---

128 Civ. Iere, 25 mai 1992, D. 1993, 184, note Daverat — Com., 7 févr. 1995, *JCP*, 1995, II, 22 411, obs. Ph. Le Tourneau – Versailles, 11 mars 1993, *RIDA*, oct. 1993, 219, note Gaubiac – Douai, 20 mai 1996, *RIDA*, oct. 1996, 278.

129 X. L. de Bellefonds, préc., p. 433.

130 Art. 85 al. 1er loi n° 2000/011.

Les moyens spéciaux de preuve — La loi n° 2000/011 prévoit deux moyens spéciaux de preuve, à savoir la saisie-contrefaçon et la retenue en douane.

La procédure de saisie-contrefaçon, prévue à l'article 85 alinéa 1er, est initiée par une requête adressée au Procureur de la République ou au juge compétent[131] et a pour objet de saisir les objets contrefaisants, les objets importés illicitement et le matériel ayant servi à réaliser la contrefaçon. Le saisissant doit exercer l'action en contrefaçon dans les 15 jours de la saisie, sous peine de mainlevée de ladite saisie (article 87 Loi n° 2000/011). Ce délai de saisine du juge du fond est ramené à 10 jours dans l'Annexe VII de l'Accord de Bangui en vigueur (2015). En application du principe du minimum normatif posé par cet accord en ce qui concerne la propriété littéraire et artistique[132], on doit pouvoir, en droit positif camerounais, maintenir le délai de 15 jours, allant-delà du minimum régional de 10 jours pour la saisine du juge du fond après la saisie des objets présumés contrefaisants.

S'agissant de la procédure de retenue en douane, prévue à l'article 90, elle consiste à faire suspendre par les autorités douanières les marchandises contrefaisantes ou soupçonnées de contrefaçon, importées ou dont l'exportation Anneau ministre en charge des douanes[133] ou au Président du tribunal compétent[134]. Le bénéficiaire de la retenue en douane, en l'absence de sa prolongation[135], doit agir au fond, c'est-à-dire exercer l'action en contrefaçon, dans les 10 jours de son information de la suspension des marchandises

131 Il s'agit du juge des requêtes, c'est-à-dire le président du Tribunal de Première Instance.

132 Art. 5 al. 2 Accord de Bangui (2015).

133 Le ministre des Finances.

134 À savoir le Président du Tribunal de première instance, juge des requêtes (art. 15 al. 2 loi n° 2006/015 du 29 décembre 2006 portant organisation judiciaire).

135 Par le ministre des finances ou le Président du Tribunal de Première Instance (juge des requêtes).

contrefaisantes, sous peine de mainlevée de ladite suspension (alinéa 6 de l'article 90) et de réparation du préjudice causé par la rétention injustifiée de la marchandise (alinéa 7 de l'article 90).

Le législateur régional, dans l'Accord de Bangui (2015), a également prévu le délai réduit de 10 jours[136], comme en matière de saisie-contrefaçon, pour la saisine du juge au fond. On appliquera également ici le délai de 15 jours prévu par la loi n° 2000/011 sur le même fondement évoqué ci-dessus pour la saisie-contrefaçon. Par ailleurs, dans le cadre de la retenue en douane, le titulaire des droits peut, d'après l'Accord de Bangui (2015)[137], solliciter la communication des coordonnées de l'expéditeur, de l'importateur et du destinataire des marchandises. Ce droit à l'information reconnu au titulaire des droits lui sera utile pour déterminer le défendeur ou le prévenu de l'action en contrefaçon à initier.

L'Annexe VII de l'Accord de Bangui (2015) prévoit également une procédure de saisine d'office par l'Administration des douanes de marchandises présumées contrefaisantes[138]. Dans ce cas le titulaire des droits devra en être informé[139] pour pouvoir exercer l'action en contrefaçon.

Concours de forces de l'ordre – Enfin, il y a lieu de mentionner que dans le cadre des opérations en vue de la défense des droits de propriété littéraire et artistique de manière générale, l'Annexe VII de l'Accord de Bangui (2015) prescrit aux forces de l'ordre de manière générale d'apporter leur concours au titulaire des droits. Ainsi, il est prévu à l'article 79, sous l'intitulé « Obligation des pouvoirs publics », que : « Les autorités de la Police Nationale, des Douanes et de la Gendarmerie Nationale, sont tenues, à la demande des

---

136 Art. 83 al. 3 Ann. VII.

137 Art. 83 al. 4, Annexe VII.

138 Art. 84 al. 1er.

139 Art. 84 al. 2.

titulaires de droits ou de leurs représentants, des huissiers de justice, de l'organisme de gestion collective, de prêter leur concours et, le cas échéant, leur protection dans le cadre de la mise en œuvre de la présente Annexe. ».

§2 : Les mesures provisoires ou conservatoires

En cas d'atteinte ou de menace d'atteinte au droit d'auteur et en cours d'exercice de l'action en contrefaçon, l'article 85 alinéa 2 de la Loi n° 2000/011 prévoit certaines mesures conservatoires susceptibles d'être prises par ordonnance sur requête du président du tribunal civil compétent[140] pour prévenir ou limiter l'ampleur de l'atteinte, à savoir :
- La suspension de toute fabrication en cours tendant à la reproduction illicite d'une œuvre ;
- La suspension des représentations ou exécutions publiques illicites ;
- La saisie, même les jours non ouvrables ou en dehors des heures légales, des exemplaires constituant la reproduction illicite de l'œuvre, déjà fabriquée ou en cours de fabrication[141], ainsi que des recettes réalisées ;
- La saisie du matériel ayant servi à la contrefaçon ;
- La saisie des recettes provenant de toute exploitation effectuée en violation du droit d'auteur.

Législateur régional, s'inspirant certainement de celui camerounais, a inséré des mesures conservatoires similaires à l'article 80 alinéa 2 de l'Acte de 2015 de l'Accord de Bangui en vigueur, d'une part, en ajoutant la suspension de toute mise à disposition effectuée en violation du droit d'auteur, et,

---

140 Le Président du Tribunal de première instance (art. 15 al. 2, loi n° 2006/015 du 29 décembre 2006 portant organisation judiciaire).

141 Cette saisie n'est pas à confondre avec la saisie-contrefaçon de l'article 85 alinéa 1er ; celle-ci est effectuée pour prouver la contrefaçon tandis que la saisie de l'article 85 alinéa2 est initiée pour prévenir ou limiter l'ampleur de la contrefaçon.

d'autre part, en prévoyant la possibilité d'assortir les mesures de suspension de fabrication, de mise à disposition ou de représentation d'une astreinte prononcée par « la juridiction nationale compétente ». On se pose la question de savoir pourquoi la compétence pour le prononcé de cette astreinte est attribuée à une « juridiction », c'est-à-dire en principe à un juge du fond, alors qu'on se trouve dans le cadre de mesures conservatoires prononcées par le Président du tribunal agissant généralement en matière gracieuse ou par voie de référé[142].

§3 : L'action en contrefaçon

L'action en contrefaçon permet à l'auteur ou au titulaire des droits de se défendre contre les atteintes portées à ses droits exclusifs reconnus par la loi. Il convient de présenter les titulaires de l'action (A), les règles de compétence (B), les règles relatives au délai pour agir (C) et les rapports entre l'action en contrefaçon et l'action en concurrence déloyale (D).

A. Les titulaires de l'action

La loi n° 2000/011 ne prévoit pas expressément des dispositions relatives aux titulaires de l'action en contrefaçon. C'est à l'article 77 de l'Annexe VII de l'Accord de Bangui (2015) qu'il faut se référer pour déterminer les personnes habilitées à exercer cette action, à savoir :
- Les titulaires des droits violés ou leurs ayants droit (cessionnaires des droits patrimoniaux, héritiers, légataires ...) ;
- L'organisme national de gestion collective des droits ;
- Associations professionnelles d'ayants droit régulièrement constituées pour la défense des intérêts collectifs de leurs adhérents.

---

142 Art. 15 al. 2, loi n° n° 2006/015, préc.

L'énumération donnée à l'article 77 de l'Annexe VII étant précédée de l'adverbe « notamment », elle n'est donc qu'indicative. Le législateur a voulu ainsi laisser la voie de l'exercice de l'action en contrefaçon à toute personne qui y a intérêt. On pourra ainsi ajouter à cette liste des titulaires de l'action, le licencié exclusif ou non exclusif, ou de manière générale toute personne intéressée.

B. Les règles de compétence

La contrefaçon étant un délit civil et pénal[143], l'action en contrefaçon pourra être exercée devant les juridictions civiles et pénales compétentes. Si la compétence du juge civil et pénal n'est pas expressément posée, elle ressort implicitement de certaines dispositions de la loi n° 2000/011 et de l'Annexe VII de l'Accord de Bangui.

C'est notamment le cas à l'article 81 alinéa 1 (g) de la loi n° 2000/011 qui fait référence aux sanctions civiles dans la détermination des atteintes au droit d'auteur et de l'article 82 de la même loi sur les peines pénales principales, ou encore des articles 73 et 76 de l'Annexe VII de l'Accord de Bangui en vigueur, consacrés respectivement aux sanctions civiles et pénales.

Seront abordées, les règles de compétence matérielle et de compétence territoriale de l'action en contrefaçon.

---

143 La nature civile et pénale du délit de contrefaçon découle de l'article 76 de l'Annexe 7 de l'Accord de Bangui qui prévoit des sanctions civiles de la contrefaçon. L'Acte de 1999 conférait implicitement compétence, notamment en matière de propriété industrielle, aux tribunaux civils et correctionnels dans le cadre de la saisie-contrefaçon en faisant obligation au saisissant de se pourvoir « soit par la voie civile, soit par la voie pénale (…) » (art. 30 Ann. IV).

1) Les règles de compétence matérielle

En l'absence de dispositions spéciales dans la loi n° 2000/011, ce sont les règles générales de la loi n° 2006/015 du 29 décembre 2006 portant organisation judiciaire qui s'appliquent.

Ainsi en matière civile, le tribunal compétent sera, soit le Tribunal de Première Instance (TPI) lorsque l'intérêt du litige est inférieur ou égal à 10 000 000 FCFA[144], soit le Tribunal de Grande Instance (TGI) lorsque l'intérêt du litige est supérieur à ce montant[145].

En matière pénale, la contrefaçon étant un délit, le tribunal compétent sera le TPI statuant en matière correctionnelle.

2) Les règles de compétence territoriale

Ce sont également les règles générales de procédures civile et pénale qui s'appliquent pour la détermination de la compétence territoriale.

En matière civile, le tribunal territorialement compétent sera au choix du demandeur celui du domicile du défendeur[146], soit celui du lieu de commission des faits prétendument contrefaisants ou du lieu où le dommage a été subi[147].

En matière pénale, sera territorialement compétent le Tribunal de Première Instance, soit du lieu de domicile du défendeur, soit du lieu de son arrestation, soit enfin du lieu de commission de l'infraction de contrefaçon[148].

---

144 Art. 15 al. 1er.

145 Article 18 al. 1 (b).

146 Cf. article 42 du Code de Procédure Civile.

147 Cf. article 46 du Code de Procédure Civile.

148 Cf. article 294 du Code de Procédure Pénale.

C. Le délai pour agir

En cas d'action civile en contrefaçon, c'est la prescription trentenaire de droit commun de la responsabilité civile qui s'applique[149].

En matière pénale, le délai de prescription sera de trois (3) ans[150], à compter de la commission de l'infraction pour les infractions instantanées ou à compter du dernier jour de l'acte délictueux pour les infractions continues.

D. L'action en contrefaçon et l'action en concurrence déloyale

Parallèlement à l'exercice de l'action en contrefaçon, le titulaire des droits peut également exercer l'action en concurrence déloyale, à condition que ces deux actions soient fondées sur des faits distincts[151].

L'action en concurrence déloyale initiée dans le cadre de l'action en contrefaçon est fondée, non pas sur le droit commun de la responsabilité civile des articles 1382 et suivants du Code civil, mais sur les dispositions spécifiques de l'Annexe VIII de l'Accord de Bangui révisé qui prévoit des règles spéciales relatives à la protection contre la concurrence déloyale.

Les faits de concurrence déloyale sont prévus et définis aux articles 2 à 8 de l'Annexe VII. Il s'agit de :
- La confusion avec l'entreprise d'autrui ou ses activités ;
- L'atteinte à l'image ou la réputation d'autrui ;
- La tromperie à l'égard du public ;

---

149 Art. 2262 du Code civil.

150 Article 65 alinéa 4 du Code de Procédure Pénale.

151 Com., 22 oct. 2002, JCP E 2003, 563, note D. Mainguy, — Com. 26 mai 2004, *JCP E* 2004, 1739, Obs. C. Caron — Com., 10 mai 2006, *JCP E* 2006, 2405, n° 3, obs. C. Caron.

- Le dénigrement de l'entreprise d'autrui ou de ses activités ;
- La concurrence déloyale portant sur l'information confidentielle[152] ;
- La désorganisation de l'entreprise concurrente et du marché.

§3 : Les sanctions de la contrefaçon

Selon la nature de l'action engagée, les sanctions de la contrefaçon seront pénales (A) ou civiles (B).

A. Les sanctions pénales

D'après l'article 82 alinéa 1er de la loi n° 2000/011, les atteintes au droit d'auteur prévues aux articles 80 et 81 sont punies d'un emprisonnement de 5 à 10 dix ans et d'une peine d'amende de 500 000[153] à 10 000 000 FCFA ou l'une de ces deux peines seulement.

Ces peines sont doublées :
- Lorsque l'auteur de l'infraction est le cocontractant du titulaire du droit violé (article 82 alinéa 2 Loi n° 2000/011) ;
- En cas de récidive, lorsque le prévenu et condamné pur un nouvel acte constituant une violation des droits, moins de cinq (05) ans après avoir été condamné pour une violation antérieure (article 74 alinéa (a), Annexe VII, Accord de Bangui)
- Lorsqu'il est établi que le délinquant se livre habituellement à des actes de contrefaçon de droit d'auteur (article 74 (b) Annexe VII – Accord de Bangui) ;
- Lorsque les infractions prévues ont été commises en bande organisée (article 74 (d) Annexe VII – Accord de Bangui).

---

152 Par exemple la divulgation, l'acquisition ou l'utilisation d'une information confidentielle par des tiers sans le consentement du détenteur légitime de ladite information.

153 Le minimum de ce quantum de peine est de 1 000 000 F C FA dans l'Accord de Bangui en en vigueur (Art. 73 Ann. VII)

Peines complémentaires — Quant aux peines complémentaires, l'article 84 de la Loi n° 2000/011 prévoit la faculté pour le juge d'ordonner, en plus des peines principales :

- La confiscation en tout état de cause des exemplaires contrefaisants, du matériel ayant servi à la commission de la contrefaçon ou des recettes que cette commission aurait procurées au contrevenant ;
- La destruction du matériel utilisé par le contrefacteur et des exemplaires contrefaisants ;
- La publication du jugement dans les conditions prévues à l'article 33 du Code pénal.

L'article 75 (c) de l'Annexe VII de l'Accord de Bangui (2015) prévoit en outre, comme peines complémentaires, la fermeture provisoire ou définitive de l'établissement à d'édition, de reproduction, de représentation, ou la communication de l'œuvre ou de tout lieu où l'infraction a été commise.

B. Les sanctions civiles

La sanction civile est la condamnation du contrefacteur à des dommages-intérêts[154]. Les règles ici applicables sont celles du droit commun de la responsabilité civile. L'Annexe VII de l'Accord de Bangui révisé l'affirme dans ses dispositions sur les modalités de détermination des dommages et intérêts. En effet, aux termes de l'article 76, alinéa 2, ceux-ci sont fixés « conformément aux dispositions pertinentes du Code civil national, compte tenu de l'importance du préjudice matériel et moral subi par le titulaire de droit, ainsi que de l'importance des gains que l'auteur de la violation a retirés de celle-ci. »

---

154 Article 76 al. 1er Annexe VII AB.

En application des règles du Code civil, l'évaluation du préjudice permettant de déterminer le montant des dommages et intérêts s'effectue suivant le principe de la réparation intégrale, en vertu duquel le préjudice réellement subi doit être intégralement réparé, mais sans que cette réparation n'entraîne un profit pour la victime de la contrefaçon[155]. D'où l'expression « Tout le préjudice, rien que le préjudice » généralement utilisé pour l'illustrer.

Toutefois, en matière de droit d'auteur, en plus de l'évaluation du préjudice réellement subi, l'Annexe VII prévoit la possibilité de prendre également en compte les gains réalisés par l'auteur de la contrefaçon (article 76 alinéa 2).

L'évaluation des dommages et intérêts s'effectue à travers, d'une part, la détermination de l'étendue de la contrefaçon appelée « masse contrefaisante » et, d'autre part, la détermination du préjudice sur la base de cette masse contrefaisante.

La masse contrefaisante à partir de laquelle sont calculés les dommages et intérêts est constituée par l'ensemble des objets contrefaisants. Elle est évaluée en prenant en compte le nombre d'œuvres contrefaites ainsi que les produits les incorporant.

Quant au préjudice, il s'évalue en principe en recherchant le gain manqué et la perte subie par la victime de la contrefaçon[156].

Le gain manqué[157], ce sont les bénéfices que le titulaire des droits aurait pu réaliser en l'absence de contrefaçon. Ce gain manqué est généralement évalué en tenant compte des capacités du titulaire des droits à fabriquer et à vendre la

---

155 D. Ekani, *Le règlement des différends en propriété intellectuelle*, Cours, Université de Yaoundé II, 2004-2005.

156 *Ibid.* – P.Y. Gautier, préc., p. 847.

157157 J. Passa, préc., p. 733.

totalité des produits contrefaisants[158] et du caractère distinctif de l'objet protégé contrefait.

La perte subie[159] inclut les autres éléments du préjudice généré par la contrefaçon au-delà de la privation des bénéfices. Ce sera par exemple l'avilissement ou la banalisation d'un œuvre de luxe[160], l'atteinte au prestige[161] de l'œuvre, la nécessité de dépenses publicitaires supplémentaires suite à la dépréciation subie par l'œuvre du fait de la contrefaçon[162], la perte d'une chance de développement[163] ou encore l'atteinte au droit protégé qui est en lui-même constitue un préjudice[164].

L'évaluation du gain manqué et de la perte subie ne vaut qu'en cas d'exploitation de l'œuvre protégée. En cas de non-exploitation, les dommages et intérêts sont attribués sous la forme d'une redevance indemnitaire correspondant au montant de la redevance qui aurait été dû si le contrefacteur avait obtenu l'autorisation du titulaire des droits[165].

Il y'a lieu de mentionner que les juges disposent d'un pouvoir d'évaluation souverain du préjudice de la contrefaçon et ne sont pas tenus de suivre l'évaluation du préjudice effectué par des experts ni de préciser les éléments ayant servi à déterminer le montant des dommages et intérêts alloués[166].

---

158 CA Paris, 22 mai 1986, Ann. Prop. Ind. 1987, p. 239

159 J. Passa, préc., p. 735.

160 CA Paris, 4e ch., 25 octobre 1990, PIBD 1991, III, p. 68.

161 TGI Paris, 11 novembre 2001, PIBD 2002, III, p. 124.

162 CA Paris, 4 juillet 2003, PIBD 2004, n° 779, III, p. 79.

163 Com., 16 nov. 1999, PIBD 2000, III, p. 119.

164 Com., 25 avril 2001, PIBD 2001, n°726, III, 451.

165 CA Paris, 4e ch. B, 3 mars 1988, Ann. Prop. Ind. 1989, p. 180 — CA Paris, 27 oct. 1993, Ann. Prop. Ind. 1995, p. 98

166 Cass., 17 juin 1971, Ann. Prop. Ind. 1980, p. 19 ;

DEUXIÈME PARTIE

LES DROITS VOISINS

Les droits voisins ou droits connexes[167] dérivent du droit d'auteur. Ils sont dévolus à certains acteurs qui interviennent dans le processus de communication de l'œuvre au public, soit par son exécution (c'est le cas de l'artiste-interprète), soit par sa fixation matérielle (c'est le cas du producteur de phonogrammes et du producteur de vidéogrammes), soit enfin à travers sa diffusion (c'est le cas de l'entreprise de communication audiovisuelle).

Les droits voisins sont des droits privatifs hiérarchiquement inférieurs au droit d'auteur dont découle leur existence[168]. L'autorité du droit d'auteur sur les droits voisins est consacrée à l'article 56 alinéa 2 de la Loi n° 2000/011, qui proclame que leur jouissance « ne peut en tout état de cause porter atteinte aux droits d'auteur, ni en limiter l'exercice ». Il s'ensuit qu'en cas de conflit entre les droits voisins et le droit d'auteur, c'est ce dernier qui l'emporte[169]. Ainsi l'artiste-interprète ne saurait exécuter une œuvre musicale au mépris du droit de divulgation de l'auteur ni s'opposer à l'exploitation d'une œuvre musicale voulue par l'auteur.

---

167 C'est ainsi qu'ils sont nommés dans l'Accord sur les ADPIC — K. Zra Dra, A. H. Maye, « Annexe VII : de la propriété littéraire et artistique », in *Accord de Bangui et Annexes, commentés et annotés*, Juriscope, 2022, p. 653.

168 C. Caron, préc., p. 478.

169 Ibid., p. 478.

Contrairement au régime du droit d'auteur qui est plutôt homogène, le régime des droits voisins varie en fonction de leurs bénéficiaires. Nous examinerons d'abord le droit des artistes-interprètes (Chapitre I), avant celui des producteurs culturels que sont les producteurs de phonogrammes ou vidéogrammes et les entreprises de communication audiovisuelle (Chapitre II).

CHAPITRE I

LE DROIT DES ARTISTES-INTERPRETES

Les artistes-interprètes sont définis à l'article 2, alinéa 15 de la Loi n° 2000/011 comme étant « les acteurs, chanteurs, musiciens, danseurs et autres personnes qui représentent, chantent, récitent, jouent ou exécutent de toute autre manière des œuvres littéraires ou artistiques, y compris les expressions du folklore ». Certains intervenants dans le processus d'exécution de l'œuvre ont été exclus du statut d'artistes-interprètes. C'est le cas en principe des techniciens d'enregistrement ou de sons[170] et des figurants.[171]

L'exécution de l'œuvre littéraire ou artistique par l'artiste interprète est appelée « interprétation »[172]. Étant donné que l'artiste-interprète exécute une œuvre suivant une sensibilité qui lui est propre, il l'imprime de sa personnalité et est, de ce fait, dans une situation assimilable à celle de l'auteur d'une œuvre littéraire ou artistique. C'est la raison pour laquelle la loi lui accorde des prérogatives et des limitations à ces prorogatives qui sont proches du droit d'auteur.

Seront abordés le contenu (Section I) et la mise en œuvre des droits de l'artiste-interprète (Section II).

---

170 Soc., 8 juillet 1998, Ursaff de Lille c/Le Brueghel, D. 1999, IR, p. 212.

171 Civ. Iere, 6 juill. 1999, Juris-Data, n° 0002788, *CCE* 2000, n° 42, 2e espèce, note C. Caron.

172 P. Tafforeau, « La notion d'interprétation en droit de la propriété littéraire et artistique », *Prop. Intell.*, n° 18, p. 50 et s.

Section I : Le contenu des droits

L'artiste-interprète est titulaire de droits patrimoniaux (§1) et de droits moraux (§2) du seul fait de son interprétation. Les droits patrimoniaux font l'objet de limitations (§3). Comme en matière de droit d'auteur, aucune formalité n'est requise pour le bénéfice de droits patrimoniaux ou moraux en tant qu'artiste-interprète.

§1 : Les droits patrimoniaux

A. L'assiette des droits

Les droits patrimoniaux de l'artiste-interprète sont prévus à l'article 57 alinéa 1er de la Loi n° 2000/011. D'après cette disposition, l'artiste-interprète a le droit exclusif d'accomplir ou d'autoriser :
- La communication au public de son interprétation, y compris la communication au public par filou sans fil[173] de son interprétation fixée sur un phonogramme ou un vidéogramme, c'est-à-dire de mettre le public en contact avec son exécution[174] par un procédé quelconque ;
- La fixation de son interprétation non fixée, c'est-à-dire d'autoriser la première fixation de son interprétation sur un support matériel (CD, carte mémoire, clé USB…) ou immatériel (numérique) ;
- La reproduction d'une fixation de son interprétation ;
- La distribution d'une fixation de son interprétation par la vente, l'échange ou la location au public.

S'agissant du droit de communication au public de son interprétation, l'article 57 alinéa 1er a) *in fine* prévoit qu'il ne

---

173 C'est-à-dire par câble ou par satellite. Ces précisions sur le moyen de communication ont été supprimées dans l'Acte de 2015 de l'Accord de Bangui (art 54 ii)., avec l'avantage de faciliter son interprétation et son application dans un contexte d'évolution fulgurante des technologies.
174 K. Zra Dra, A. H. Maye, préc., p. 663.

s'applique pas lorsqu'une telle communication est effectuée à partir, soit d'une fixation ou d'une communication au public de l'interprétation, soit d'une réémission[175] autorisée par l'entreprise de communication audiovisuelle qui émet pour la première fois l'interprétation.

En d'autres termes, ce tempérament au droit reconnu à l'artiste-interprète semble signifier que l'artiste-interprète ne peut se prévaloir de son droit à la communication au public de son interprétation lorsque celle-ci a déjà fait l'objet d'une première communication au public par lui-même ou avec son consentement, par une fixation matérielle ou par un organisme de communication audiovisuelle dans le cadre d'une émission. Dans ces conditions, le législateur semble considérer que ses droits sont épuisés.

Il n'en demeure pas moins que la compréhension du sens de cette limitation n'est pas aisée s'agissant de l'inapplication du droit de communication au public de l'interprétation. Il vaut mieux à ce sujet se référer aux dispositions plus précises de l'article 54 ii de l'Annexe VII de l'Accord de Bangui (2015) qui prévoit simplement que le droit de communication au public de l'interprétation ne s'applique pas lorsqu'elle est faite à partir « d'une fixation de l'interprétation ou de l'exécution » ou « d'une radiodiffusion de l'interprétation ou de l'exécution ». On voit bien que, à raison, le législateur régional s'est gardé d'inclure comme cas d'exclusion d'application du droit de communication au public de l'interprétation, la « communication au public de l'interprétation ».

---

175 La réémission c'est l'« émission en simultané ou en différé par une entreprise de communication audiovisuelle d'un programme d'une autre entreprise de communication audiovisuelle » (art 2 alinéa 23 Loi n° 2000/011).

B. La durée des droits

D'après la loi n° 2000/011, les droits patrimoniaux sont accordés à l'artiste-interprète pour une durée de cinquante (50) à compter de la fin de l'année civile d'exécution de l'interprétation (article 68).

Quant à l'Accord de Bangui (2015) récemment entré en vigueur, il prévoit des durées de droit différentes[176] selon que l'interprétation est fixée ou non, d'une part, sur un phonogramme, et, d'autre part, sur un support audiovisuel (vidéogramme). Ainsi, la durée du droit à l'interprétation, selon cet accord, est de :

- 20 ans à compter de l'année ou l'interprétation a eu lieu, pour les interprétations non fixées ;
- 20 ans à compter de la fin de l'année de la fixation, pour les interprétations fixées sur phonogramme ;
- 50 ans à compter de la fin de l'année civile de la fixation, pour les interprétations fixées sur un support audiovisuel (vidéogramme).

Manifestement, le législateur régional, dans l'organisation de la durée des droits des artistes-interprètes a privilégié les exécutions fixées sur un phonogramme par rapport à celles non fixées ou fixées sur un phonogramme. Cette orientation s'inspire de la Convention de Rome de 1961 sur la protection des artistes-interprètes ou exécutants, qui prévoit un minimum de durée de 20 ans pour les interprétations (exécutions)[177]. En ce qui concerne le Cameroun, en application du principe du minimum normatif de l'Annexe VII, posé à l'article 5, alinéa 2 de l'Accord de Bangui (2015), c'est la durée de 50 ans qui continue de s'appliquer, sans distinction ni des formes

[176] Art. 64, Annexe VII.

[177] K. Zra Dra, A. H. Maye, préc., p. 675.

d'interprétation, ni du fait de la fixation ou non de l'interprétation. Cette position est d'autant plus renforcée par le fait que le Cameroun n'est pas partie à la Convention de Rome de 1961 sur la protection des artistes-interprètes ou exécutants.

§2 Les droits moraux

Comme l'auteur, l'artiste-interprète est titulaire de droits moraux. Ceux-ci sont toutefois plus restreints. Selon les termes de l'article 58 alinéa 1er de la Loi n° 2000/011, « l'artiste-interprète a droit au respect de son nom, de sa qualité et de son interprétation ». Ainsi, l'auteur bénéficie d'un droit à la paternité et d'un droit au respect de l'intégrité de son interprétation, à l'exclusion du droit de retrait et de repentir prévus en matière de droit d'auteur. S'agissant du droit à la divulgation, il n'est pas reconnu aux artistes-interprètes comme droit moral comme en droit d'auteur[178].

Le droit moral de l'artiste interprète est, comme en droit d'auteur, perpétuel, inaliénable, imprescriptible et transmissible à cause de mort (article 58, alinéa 2 de la Loi n° 2000/011).

§3 : Les limitations des droits

Les limitations des droits voisins ne concernent que les droits patrimoniaux. Une seule limitation est spécifique aux artistes-interprètes (B), les autres étant générales à toutes les catégories de droits voisins (A).

---

178 En France, la première chambre civile de la Cour de cassation le confirme dans un arrêt du 27 novembre 2008 (pourvoi n° 07-12.109).

A. Les limitations générales

Les exceptions générales sont prévues à l'article 67 alinéa 1er de la Loi n° 2000/011. Il ressort de cette disposition, l'artiste interprète ne peut interdire :

- Les représentations privées et gratuites effectuées exclusivement dans un cercle familial (a) ;
- Les reproductions strictement réservées à l'usage privé de la personne qui les réalise et non destinées à l'utilisation collective (b) ;
- Sous réserve d'éléments suffisants d'identification de la source :
  - Les analyses et courtes citations justifiées par le caractère critique, polémique, pédagogique, scientifique ou d'information de l'œuvre à laquelle elles sont incorporées ;
  - Les revues de presse ;
  - La diffusion, même intégrale, à titre d'information ou d'actualité des discours destinés au public dans des assemblées politiques, administratives, judiciaires ou académiques, ainsi que dans des réunions publiques à caractère politique et les cérémonies officielles (c) ;
- La parodie, le pastiche et la caricature compte tenu des lois du genre (d).

Rémunération pour copie privée — Il convient néanmoins de préciser que contrairement aux autres limitations des droits des artistes-interprètes énumérés ci-dessus, la reproduction personnelle et privée de l'interprétation autorisée à l'article 67 alinéa 1er (b) n'est pas gratuite pour les interprétations fixées sur phonogrammes ou vidéogrammes. Cette reproduction donne lieu au versement d'une rémunération appelée rémunération pour copie privée (article 69 de la Loi n° 2000/011). Cette rémunération est versée par le fabricant ou l'importateur de supports d'enregistrement utilisables pour la reproduction à usage privé d'interprétations fixées sur des phonogrammes et vidéogrammes mis dans le commerce au Cameroun (article 70 de la Loi n° 2000/011), qui le répercute sur le prix de vente desdits supports au consommateur final. Il s'agit donc d'une redevance indolore versée par le consommateur final qui procède, ou est censé procéder, à la reproduction personnelle et privée de l'interprétation fixée. La rémunération pour copie privée est perçue par la société de gestion collective compétente à partir d'un taux fixé par voie réglementaire et est répartie en part égale à l'auteur de l'œuvre interprétée, à l'artiste-interprète, au producteur du phonogramme ou vidéogramme et au fonds de soutien à la politique d'action culturelle (article 71 de la Loi n° 2000/011).

Licence légale — Comme exceptions générales, il y'a enfin la licence légale, imposée à l'interprète et au producteur de phonogrammes, qui s'applique de plein droit lorsqu'un phonogramme mis en circulation à des fins commerciales est diffusé au public. Cette licence légale est fixée à l'article 60 de la Loi n° 2000/011 en ces termes : « Lorsqu'un phonogramme est mis en circulation à des fins commerciales, ni l'artiste-interprète ni le producteur ne peuvent s'opposer à sa communication directe dans un lieu public, dès lors qu'il n'est pas utilisé dans un spectacle, ni à sa télédiffusion ou à sa distribution simultanée ou intégrale par câble ».

Les bénéficiaires de cette licence légale sont tous ceux qui diffusent au public les phonogrammes, notamment dans des débits de boisson, les restaurants, les night-clubs ou par tous moyens de télédiffusion ou de diffusion par câble (radiodiffusion ou télédiffusion sous mode analogique ou numérique, télévision, internet…).

L'utilisation de phonogrammes dans le cadre de la licence légale de l'article 60 se fait contre le versement d'une rémunération (appelée généralement rémunération équitable) au profit des artistes — interprètes et des producteurs de phonogrammes (article 61 alinéas 1er de la Loi n° 2000/011).

Cette rémunération, en principe perçue par la société de gestion collective compétente (article 63, alinéa 2 de la Loi n° 2000/011), est fixée sur la base des recettes d'exploitation ou, à défaut, forfaitairement, et est répartie par moitié entre les artistes-interprètes et les producteurs de phonogrammes (article 61 alinéa 2 Loi n° 2000/011).

Il y'a toutefois lieu de préciser que la licence légale ne s'applique pas, d'après l'article 60 *in fine* de la Loi n° 2000/011, lorsque le phonogramme mis en circulation à des fins commerciales est utilisé dans un spectacle. Dans ce cas, l'autorisation de l'artiste-interprète et du producteur de phonogrammes est requise.

B. La limitation spécifique

L'exception spécifique aux artistes-interprètes est prévue à l'article 67 alinéa 2 de la Loi n° 2000/011 qui dispose que ceux-ci ne peuvent interdire la reproduction ou la communication au public de leurs prestations, dès lors qu'elles sont accessoires d'un évènement constituant le sujet principal d'une séquence, d'une œuvre ou d'un document audiovisuel. On applique généralement cette exception aux séquences de films projetés dans des émissions d'actualités de télévision[179].

Mais cette exception ne doit être appliquée que de manière très limitée. Il a par exemple été jugé que l'interprétation musicale utilisée durant la représentation d'une pièce théâtrale ne saurait être considérée comme étant l'accessoire de celle-ci[180].

---

[179] X. L. de Bellefonds, préc., p. 376.

[180] Ibid., p. 376 — CA Paris, 7 juin 2000, TNO c/Keyrouz, p. 31, note Sirinelli.

Section II : La mise en œuvre des droits

Seront tour à tour examinées l'exploitation (§1) et la défense (§2) des droits des artistes interprètes.

§1 L'exploitation des droits

A. Les généralités

Comme en matière de droit d'auteur, les contrats par lesquels l'artiste-interprète autorise l'exploitation de ses droits patrimoniaux visés ci-dessus doivent être passés par écrit, à peine de nullité (article 66 de la Loi n° 2000/011). L'écrit n'est pas requis à titre simplement probatoire, mais conditionne la validité de l'autorisation d'exploitation.

Les dispositions particulières au droit d'auteur sur l'exploitation des droits ne s'appliquent pas aux contrats d'exploitation des droits des artistes-interprètes. C'est notamment le cas des dispositions du droit d'auteur examinées *supra* relatives à la mention de la nature du droit patrimonial concerné, à l'étendue, au but, à la durée ou au mode exploitation.

Il n'existe, ni dans la loi n° 2000/011, ni dans son décret d'application, ni dans l'Annexe VII de l'Accord de Bangui en vigueur, des dispositions précisant si la rémunération de l'artiste-interprète doit être proportionnelle ou forfaitaire. Les parties au contrat ont donc la liberté de déterminer le mode de rémunération de l'autorisation d'exploitation des droits de l'artiste-interprète, sous réserve du respect des règles impératives de rémunération pour copie privée et de rémunération équitable légalement prévues.

Les dispositions sur la gestion collective examinées en matière de droit d'auteur s'appliquent également aux artistes-interprètes. Ceux-ci, comme les auteurs peuvent être membres d'un organisme de gestion collective de droits, tout en conservant la faculté d'exploiter directement de leurs droits (article 77 alinéa 1er et article 75 alinéa 3 de la Loi n° 2000/011).

B. Les règles spéciales relatives à l'autorisation de télédiffusion de l'interprétation

La loi n° 2000/011 prévoit des règles spéciales pour les autorisations données par l'artiste-interprète pour la télédiffusion de son interprétation.

D'après l'article 57, alinéa 2 :
- L'autorisation de télédiffuser accordée à une entreprise de communication audiovisuelle est personnelle[181]
- L'autorisation de télédiffuser n'implique pas autorisation de fixer l'interprétation ;
- L'autorisation de télédiffuser et de fixer l'opération n'implique pas autorisation de reproduire la fixation ;
- L'autorisation de fixer l'interprétation et de reproduire cette fixation n'implique pas autorisation de télédiffuser l'interprétation à partir de la fixation ou de sa reproduction ; ainsi, le producteur de phonogrammes qui est autorisé à fixer l'interprétation et de reproduire cette fixation, ne peut télédiffuser la prestation ainsi fixée ou la reproduite que si l'artiste interprète l'y autorise.

Ces limitations signifient en d'autres termes que la télédiffusion d'une interprétation doit se faire dans le respect des droits de l'artiste-interprète de fixation de l'interprétation et de reproduction de cette fixation. Ceux-ci étant des droits distincts de ceux du droit de communication au public dont découle l'autorisation de télédiffusion, l'autorisation d'exploitation de chacun de ces droits devrait faire l'objet

---

181 Ainsi, lorsque les artistes-interprètes interviennent en groupe dans une émission de télévision, chacun d'entre eux doit individuellement autoriser la télédiffusion de la prestation commune.

d'une rémunération distincte et indépendante pour chaque mode d'exploitation.

Les règles spéciales sur l'autorisation de télédiffusion ne sont que supplétives et ne s'appliquent qu'en l'absence d'accord contraire (article 57 alinéa 2 Loi n° 2000/011).

§2 : La défense des droits

S'appliquent également aux droits des artistes-interprètes, les dispositions examinées *supra* sur la défense du droit d'auteur, relatives à la preuve des actes de contrefaçon, à l'action en contrefaçon[182] et aux sanctions.

Seuls seront précisés les actes de contrefaçon et les actes assimilés à la contrefaçon applicables aux droits voisins des artistes-interprètes.

Sont constitutifs d'actes de contrefaçon des droits des artistes interprètes selon l'article 80 de la loi n° 2000/011 :
- La reproduction, la communication au public ou la mise à la disposition du public par vente, échange, location, d'une interprétation sans l'autorisation de l'artiste interprète lorsqu'elle est exigée ;
- L'atteinte au droit à la paternité et à l'interprétation de l'artiste-interprète.

Sont assimilés à la contrefaçon de droits d'artistes-interprètes, d'après l'article 81de la Loi n° 2000/011 :
- L'importation, l'exportation, la vente ou la mise en vente d'objets contrefaisants (Ex.: vente de la prestation de l'artiste-interprète fixée sur un support CD sans son autorisation)

182 À savoir, les règles sur les titulaires de l'action, de compétence, sur le délai pour agir et sur les liens entre action en contrefaçon et l'action en concurrence déloyale.

- L'importation ou l'exportation de phonogrammes ou de vidéogrammes sans l'autorisation de l'artiste-interprète lorsqu'elle est exigée.
- La neutralisation frauduleuse des mesures techniques de protection dont les titulaires de droits voisins se servent pour la protection de leur production contre les actes non autorisés ;
- Le fait de laisser reproduire ou représenter dans son établissement de façon irrégulière les productions protégées par le droit des artistes interprètes ;
- Le défaut de versement ou le retard injustifié de versement d'une rémunération légalement prévue[183] ;
- Le fait de supprimer ou de modifier sans y être habilité toute information sous forme électronique relative au régime des droits en sachant ou, « pour les sanctions civiles », en ayant de bonnes raisons de penser qu'une telle suppression va entraîner, permettre, faciliter ou dissimuler une atteinte aux droits de l'artiste interprète ;
- Le fait de distribuer, d'importer aux fins de distribution ou de communiquer au public, sans y être habilité, des originaux ou des exemplaires des prestations des artistes-interprètes en sachant que les informations relatives au régime des droits se présentant sous forme électronique ont été modifiées ou supprimées sans autorisation ou, « pour les sanctions civiles », en ayant de bonnes raisons de penser qu'une telle distribution, importation ou communication va entraîner, permettre, faciliter ou dissimuler une atteinte aux droits de l'artiste-interprète.

---

183 Par exemple le défaut de versement ou retard dans le versement de la rémunération pour copie privée ou de la rémunération équitable.

CHAPITRE II

LE DROIT DES PRODUCTEURS CULTURELS

À côté du droit d'auteur et du droit des artistes-interprètes qui visent la protection du bien intellectuel que constitue l'œuvre de l'esprit ou son interprétation, le législateur a institué des droits exclusifs au profit de certains acteurs qui financent ou prennent l'initiative de la réalisation de supports contenant des œuvres protégées par le droit d'auteur et les interprétations de celles-ci (producteurs de phonogrammes et de vidéogrammes), ou encore qui diffusent de programmes radio, télévisés ou numériques, les contenant (entreprises de communication audiovisuelle). Les droits ainsi reconnus permettent à ces producteurs culturels de rentabiliser les investissements ainsi effectués. Pour en être titulaires, ces derniers n'ont qu'à apporter la preuve de leur investissement financier, sans avoir à justifier d'un travail créatif quelconque.

Sera successivement étudié, le droit des producteurs de phonogrammes (Section I), des producteurs de vidéogrammes (Section 2) et des entreprises de communication audiovisuelle (Section 3).

Section I : Le producteur de phonogrammes

D'après l'article 2, alinéa 20 de la Loi n° 2000/011, le producteur de phonogrammes est, soit la personne physique ou morale qui, la première, fixe des sons provenant d'une exécution (interprétation) ou d'autres sons ou d'une représentation de sons, soit la personne physique ou morale qui prend l'initiative d'une telle fixation.

Quant au phonogramme, il est défini comme étant « toute fixation de sons provenant d'une interprétation ou d'autres sons, ou d'une représentation de sons autre que sous la forme d'une fixation incorporée dans une œuvre audiovisuelle ». Plus simplement on dira qu'un phonogramme est le support (CD, clé USB, carte mémoire…) sur lequel est fixée une œuvre de l'esprit sonore ou son interprétation.

§1 : Le contenu et la limitation des droits

Le producteur de phonogrammes est titulaire, d'après l'article 59 alinéa 1er de la Loi n° 2000/011, du droit exclusif d'accomplir ou d'autoriser la reproduction du phonogramme, sa mise à la disposition du public par la vente, l'échange, le louage, ainsi que sa communication au public, y compris par fil (câble) ou sans fil (satellite), de telle sorte que chacun puisse y avoir accès à l'endroit et au moment qu'il choisit individuellement.

Les droits reconnus au producteur de phonogrammes ont une durée de 50 ans à compter de la fin de l'année civile de la fixation du phonogramme (article 58 de la Loi n° 2000/011).

Les exceptions générales aux droits voisins examinées ci-dessus pour les artistes-interprètes s'appliquent également aux droits du producteur de phonogrammes, y compris l'exception de la licence légale donnant droit à la rémunération équitable des articles 60 et suivants de la Loi n° 2000/011.

Comme pour les artistes — interprètes et les producteurs de vidéogrammes, la reproduction privée et personnelle de phonogrammes donne lieu au versement au profit du producteur de phonogrammes de la rémunération pour copie privée régie par les dispositions des articles 69 et suivants de la Loi n° 2000/011.

§2 : La mise œuvre des droits

A. L'exploitation des droits

Ces droits exclusifs reconnus au producteur de phonogrammes, y compris les droits d'auteur et les droits des artistes-interprètes dont il disposerait sur l'œuvre fixée[184], ne peuvent faire l'objet de cessions séparées (article 59 alinéa 2 Loi n° 2000/011). Ainsi, la cession du droit de reproduction ne doit pas se faire séparément du droit de communication au public, telle que présentée ci-dessus. Cela s'étend à tous les autres droits patrimoniaux, en cas de cession du droit d'auteur et/ou des droits des artistes-interprètes au profit du producteur de phonogrammes.

Les autorisations d'exploitation données par le producteur de phonogrammes doivent être passées par écrit à peine de nullité (article 66 Loi n° 2000/011).

B. La défense des droits

Les règles étudiées sur la défense du droit d'auteur s'appliquent également aux droits des producteurs de phonogrammes, sous réserve de certaines dispositions spécifiques sur la détermination des actes de contrefaçon et des actes assimilés à la contrefaçon.

D'après l'article 80 de la loi n° 2000/011, constitue un acte de contrefaçon des droits du producteur de phonogrammes, toute reproduction, communication au public ou mise à la disposition au public par vente, échange

---

[184] Notamment, par une cession desdits droits.

ou location, d'un phonogramme sans l'autorisation du producteur de phonogrammes lorsque celle-ci est exigée.

Les actes assimilés à la contrefaçon de l'article 81 de la Loi n° 2000/011 applicables aux producteurs de phonogrammes sont les mêmes que ceux visés pour les artistes interprètes et les producteurs de vidéogrammes, à savoir :
- L'importation, l'exportation, la vente ou la mise en vente d'objets contrefaisants[185] ;
- L'importation ou l'exportation de phonogrammes ou de vidéogrammes sans l'autorisation de l'artiste-interprète lorsqu'elle est exigée.
- La neutralisation frauduleuse des mesures techniques de protection dont les titulaires de droits voisins se servent pour la protection de leur production contre les actes non autorisés ;
- Le fait de laisser reproduire ou représenter dans son établissement de façon irrégulière (sans obtenir l'autorisation du titulaire des droits) les productions protégées par le droit voisin des producteurs de phonogrammes ;
- Le défaut de versement ou le retard injustifié de versement d'une rémunération légalement prévue[186] ;
- Le fait de supprimer ou de modifier sans y être habilité toute information sous forme électronique relative au régime des droits en sachant ou, « pour les sanctions civiles », en ayant de bonnes raisons de penser qu'une telle suppression va entraîner, permettre, faciliter ou dissimuler une atteinte aux droits du producteur du phonogramme ;
- Le fait de distribuer, d'importer aux fins de distribution ou de communiquer au public, sans y être habilité, des originaux ou des exemplaires de phonogrammes en sachant que les

---

185 Par exemple la vente d'un phonogramme mis dans le commerce sans l'autorisation du producteur de phonogramme.

186 Ce sera le cas du défaut de paiement de la rémunération équitable par le diffuseur du phonogramme.

informations relatives au régime des droits se présentant sous forme électronique ont été modifiées ou supprimées sans autorisation ou, « pour les sanctions civiles », en ayant de bonnes raisons de penser qu'une telle distribution, importation ou communication va entraîner, permettre, faciliter ou dissimuler une atteinte aux droits du producteur du phonogramme.

Section II : Les producteurs de vidéogrammes

D'après l'article 2, alinéa 21 de la loi n° 2000/011 le producteur de vidéogrammes est « la personne physique ou morale qui, la première, fixe les images sonorisées ou non, ou la représentation de telles images, ou la personne physique ou morale qui a pris l'initiative de ladite fixation ».

Quant au vidéogramme, il est défini comme étant « toute fixation d'images accompagnées ou non de sons » (article 2 alinéa 17 Loi n° 2000/011).

§1 : Le contenu et la limitation des droits

Tout comme le producteur de phonogrammes, le producteur de vidéogrammes a le droit exclusif d'accomplir ou d'autoriser la reproduction du vidéogramme, sa mise à la disposition du public par la vente, l'échange, le louage, ainsi que sa communication au public, y compris par fil (câble) ou sans fil (satellite), de telle sorte que chacun puisse y avoir accès à l'endroit et au moment qu'il choisit individuellement (article 64 alinéa 1er Loi n° 2000/011).

Ces droits exclusifs durent 50 ans à compter de la fin de l'année civile de fixation du vidéogramme (article 68 Loi n° 2000/011).

Les exceptions générales aux droits voisins examinées ci-dessus pour les artistes-interprètes, s'appliquent également aux droits du producteur de vidéogrammes, à l'exclusion de l'exception de licence légale donnant lieu à la rémunération équitable des articles 60 et suivants de la Loi n° 2000/011.

En revanche, comme pour les artistes-interprètes et les producteurs de phonogrammes, la reproduction privée et personnelle de vidéogrammes donne lieu au versement au profit du producteur de phonogrammes de la rémunération pour copie privée régie par les dispositions des articles 69 et suivants de la Loi n° 2000/011.

§2 : La mise en œuvre des droits

A. L'exploitation des droits

Les droits exclusifs du producteur de vidéogrammes ne peuvent faire l'objet d'une cession séparée, de même que les droits d'auteur et les droits des artistes-interprètes que le producteur de vidéogrammes détiendrait sur l'œuvre fixée (article 64 alinéa 2 Loi n° 2000/011).

Les autorisations d'exploitation données par le producteur de vidéogrammes doivent être passées par écrit à peine de nullité (article 66 Loi n° 2000/011).

B. La défense des droits

Les règles étudiées supra sur la défense du droit d'auteur s'appliquent également aux droits du producteur de vidéogrammes, sous réserve de certaines dispositions spécifiques sur la détermination des actes de contrefaçon et des actes assimilés à la contrefaçon.

D'après l'article 80 de la loi n° 2000/011, constitue un acte de contrefaçon des droits du producteur de vidéogrammes, toute reproduction, communication au public ou mise à la disposition au public par vente, échange ou location, d'un vidéogramme sans l'autorisation du producteur de phonogrammes lorsque celle-ci est exigée.

Les actes assimilés à la contrefaçon de l'article 81 de la Loi n° 2000/011 applicables aux producteurs de vidéogrammes sont similaires à ceux visés pour les artistes-interprètes et les producteurs de phonogrammes, à savoir :

- L'importation, l'exportation, la vente ou la mise en vente d'objets contrefaisants ;
- L'importation ou l'exportation de vidéogrammes sans l'autorisation du producteur de vidéogrammes lorsqu'elle est exigée.
- La neutralisation frauduleuse des mesures techniques de protection dont les titulaires de droits voisins se servent pour la protection de leur production contre les actes non autorisés ;
- Le fait de laisser reproduire ou représenter dans son établissement de façon irrégulière les productions protégées par le droit voisin des producteurs de vidéogrammes ;
- Le défaut de versement ou le retard injustifié de versement d'une rémunération légalement prévue ;
- Le fait de supprimer ou de modifier sans y être habilité toute information sous forme électronique relative au régime des droits en sachant ou, « pour les sanctions civiles », en ayant de bonnes raisons de penser qu'une telle suppression va entraîner, permettre, faciliter ou dissimuler une atteinte aux droits du producteur du vidéogramme ;
- Le fait de distribuer, d'importer aux fins de distribution ou de communiquer au public, sans y être habilité, des originaux ou des exemplaires de vidéogrammes en sachant que les informations relatives au régime des droits se présentant sous forme électronique ont été modifiées ou supprimées sans autorisation ou, « pour les sanctions civiles », en ayant de bonnes raisons de penser qu'une telle distribution, importation ou communication va entraîner, permettre, faciliter ou dissimuler une atteinte aux droits du producteur du vidéogramme.

Section III : L'entreprise de communication audiovisuelle

D'après l'article 2 alinéa 19 de la Loi n° 2000/011, l'entreprise de communication audiovisuelle est « l'organisme de radiodiffusion, de télévision ou tout autre moyen qui transmet des programmes au public ». Il pourra s'agira ici, non seulement des organismes de radiodiffusion et de télédiffusion traditionnelle, mais également celles émettant via le numérique.

Le programme est défini comme étant « tout ensemble d'images, de sons, ou d'images et de sons, qui est enregistré ou non et qui est incorporé dans des signaux (moyens de transmission d'informations) destinés à être distribués »[187].

§1 : Le contenu et la limitation des droits

L'entreprise de communication audiovisuelle a le droit exclusif d'accomplir ou d'autoriser :
- La fixation, la reproduction de la fixation, la réémission des programmes (l'émission simultanée ou en différé par une entreprise de communication audiovisuelle d'un programme d'une autre entreprise de communication audiovisuelle) et la communication au public, par fil (câble) ou sans fil (satellite) de ces programmes de manière que chacun puisse y avoir accès à l'endroit et au moment qu'il choisit individuellement ;
- La mise à la disposition du public de ces programmes par vente, louage ou échange.

Les droits voisins de l'entreprise de communication audiovisuelle durent 50 ans à compter de la fin de l'année civile de télédiffusion du programme (article 68 de la Loi n° 2000/011).

---

[187] Art. 2 al. 18.

Les exceptions générales aux droits voisins examinées ci-dessus pour les artistes-interprètes, s'appliquent également aux droits du producteur de vidéogrammes, à l'exclusion de l'exception de licence légale donnant droit à la rémunération équitable des articles 60 et suivants de la Loi n° 2000/011.

Contrairement à ce qui est prévu pour les artistes-interprètes et les producteurs de phonogrammes ou de vidéogrammes (article 69 et suivants Loi n° 2000/011), l'exception de reproduction pour un usage privé et personnel d'un programme d'une entreprise de communication audiovisuelle ne donne pas lieu au versement de la rémunération pour copie privée.

§2 : La mise en œuvre des droits

A. L'exploitation des droits

Le législateur ne s'est pas prononcé sur la cession des droits exclusifs de l'entreprise de communication audiovisuelle. Étant donné que ce qui n'est pas interdit est permis, on peut admettre que les droits exclusifs reconnus à l'entreprise de communication audiovisuelle peuvent faire l'objet de cessions séparées, contrairement à ce qui est prévu pour les producteurs de phonogrammes et de vidéogrammes.

Néanmoins, ces cessions, comme toutes autres autorisations d'exploitation données par l'entreprise de communication audiovisuelle, doivent être par écrit à peine de nullité (article 66 Loi n° 2000/011).

B. La défense des droits

Les règles étudiées supra sur la défense du droit d'auteur s'appliquent également aux droits des entreprises de communication audiovisuelle, sous réserve de certaines dispositions spécifiques sur la détermination des actes de contrefaçon et des actes assimilés à la contrefaçon.

D'après l'article 80 (b) de la Loi n° 2000/011, constitue un acte de contrefaçon des droits de l'entreprise de communication audiovisuelle, toute reproduction, communication au public ou mise à la disposition au public par vente, échange ou location, d'un programme sans l'autorisation de l'entreprise de communication audiovisuelle lorsque celle-ci est exigée.

Les actes assimilés à la contrefaçon de l'article 81 de la Loi n° 2000/011 applicables aux producteurs de vidéogrammes sont les suivants :
- L'importation, l'exportation, la vente ou la mise en vente d'objets contrefaisants. (— Le fait de fabriquer sciemment ou d'importer en vue de la vente ou de la location, ou d'installer un équipement conçu en tout ou partie pour capter frauduleusement des programmes télédiffusés lorsque ces programmes sont réservés à un public déterminé qui y accède moyennant une rémunération versée à son opérateur ou ses ayants droit ou ayant cause ;
- La neutralisation frauduleuse des mesures techniques de protection dont les titulaires de droits voisins se servent pour la protection de leur production contre les actes non autorisés ;
- Le fait de laisser reproduire ou représenter dans son établissement de façon irrégulière les productions protégées par le droit voisin des entreprises de communication audiovisuelle ;
- Le défaut de versement ou le retard injustifié de versement d'une rémunération légalement prévue ;
- Le fait de supprimer ou de modifier sans y être habilité toute information sous forme électronique relative au régime des droits en sachant ou, « pour les sanctions civiles », en ayant de bonnes raisons de penser qu'une telle suppression va entraîner, permettre, faciliter ou dissimuler une atteinte aux droits de l'entreprise de communication audiovisuelle ;
- Le fait de distribuer, d'importer aux fins de distribution ou de communiquer au public, sans y être habilité, des originaux

ou des exemplaires de programme en sachant que les informations relatives au régime des droits se présentant sous forme électronique ont été modifiées ou supprimées sans autorisation ou, « pour les sanctions civiles », en ayant de bonnes raisons de penser qu'une telle distribution, importation ou communication va entraîner, permettre, faciliter ou dissimuler une atteinte aux droits de l'entreprise de communication audiovisuelle.

TABLE DES MATIÈRES

Structures éditoriales du groupe L'Harmattan

L'Harmattan Italie
Via degli Artisti, 15
10124 Torino
harmattan.italia@gmail.com

L'Harmattan Hongrie
Kossuth l. u. 14-16.
1053 Budapest
harmattan@harmattan.hu

L'Harmattan Sénégal
10 VDN SICAP AMITIE 3
BP 45034 Dakar-Fann
direction@senharmattan.com

L'Harmattan Cameroun
Tsinga/Derrière polyclinique FECAFOOT
BP 11486 Yaoundé
Jacques.koukam@harmattan.fr

L'Harmattan Burkina Faso
Villa 281, secteur 23 623, rue 14.32
Ouagadougou
zagbie@outlook.fr

L'Harmattan Guinée
Almamya, rue KA 028 OKB Agency
BP 3470 Conakry
harmattanguinee@yahoo.fr

L'Harmattan RDC
185, avenue Nyangwe
Commune de Lingwala – Kinshasa
matangilamusadila@yahoo.fr

L'Harmattan Congo
219, avenue Nelson Mandela
BP 2874 Brazzaville
deunovmikhael@gmail.com

L'Harmattan Mali
Immeuble Mgr Jean Marie Cissé
Aci Hamadallaye
BP 145 Bamako
syllaka@yahoo.fr

L'Harmattan Togo
Djidjole – Maison Amela
face EPP BATOME
02 BP 20680 Lomé
didieramela11@gmail.com

L'Harmattan Côte d'Ivoire
Résidence Karl – Cité des Arts
Abidjan-Cocody
03 BP 1588 Abidjan
harmattan.ivoire@gmail.com

L'Harmattan Bénin
Rue 604, (Immeuble à l'entrée
de la rue UCAO- Cite de Saint-Jean)
Cotonou
stepcorpus@gmail.com

Nos librairies en France

Librairie internationale
16, rue des Écoles
75005 Paris
librairie.internationale@harmattan.fr
01 40 46 79 11
www.librairieharmattan.com

Librairie des savoirs
21, rue des Écoles
75005 Paris
librairie.sh@harmattan.fr
01 46 34 13 71
www.librairieharmattansh.com

www.ingramcontent.com/pod-product-compliance
Lightning Source LLC
LaVergne TN
LVHW051356061026
849535LV00009B/3213
* 9 7 8 2 3 3 6 4 8 7 7 8 6 *